소유의 의미

| 윤영숙 시조시집 |

현대문예 작가선 · 180

시인의 말

처음으로 제 이름을 걸고 엮은 시집을 건네봅니다. 부끄럽고 떨리는 마음으로 한 줄 한 줄 제 안의 숨결과 시간을 눌러 적었습니다.

바람 한 점에도 마음이 흔들리던 날들, 말로 다 전하지 못한 마음들을 시라는 그릇에 담아보았습니다.

이 시집은 제게 있어 긴 기다림의 열매이며 또한 새로운 시작의 문턱입니다.
누군가의 마음 한켠에 조용히 앉아 쉴 수 있는 시가 되었으면 합니다.

내 사랑하는 아들, 딸, 가족

시인으로 끌어준 공난숙 친구 박래홍 시인님 깊은 감사 드립니다.

당신의 걸음에 따뜻한 시 한 줄이 함께하시길 바랍니다.

2025년 여름

저자 윤 영 숙

윤영숙 시조시집 **

시인의 말 /2

/ 소유의 의미

찔레꽃 /11
소유의 의미 /12
겸손과 교만사이 /13
가을 단상 /14
참살이 /15
하늘을 보면 /16
삶의 구도 /17
곡哭하는 매미 /18
겨울소녀 /19
갈대풍신 /20
들풀의 노래 /21
산의 자객 /22
어느 도시의 거리 /23
가을이 오는 소리 · 1 /24
가을이 오는 소리 · 2 /25
그리움 · 1 /26
어떤 두려움 /27
무지갯빛 하루 /28
자일도 안 타고 /30
고장도 없는 세월 · 1 /31
고장도 없는 세월 · 2 /32
초가향수 /34

** 소유의 의미

2 기다리는 봄

그리움 · 2 /37
기다리는 봄 /38
가을 연가 /39
비 오는 날 /40
봄빛 /41
사랑의 꽃 · 1 /42
낙엽을 바라보면 /43
벚꽃 /44
내 고향은 /45
첫사랑 /46
산행은 인생의 길 /47
5월의 선물 /48
동백꽃 자태 · 1 /49
동백꽃 자태 · 2 /50
약해지면 안 되오 /51
삶의 여백 /52
가을 /53
가을의 노래 /54
무지의 새 /55
강가에 서서 /56
영혼 없는 사람들 /57

윤영숙 시조시집 **

3 도화지 위의 오늘

도화지 위의 오늘 /61
내가 가는 길 /62
봄꽃이고 싶어라 /63
눈 /64
봄 마중 /65
봉선화 /66
여백 /67
심연 /68
산울림·1 /69
산울림·2 /70
가슴이 시려온다 /71
겨울바다 /72
바다·1 /73
바다·2 /74
퍼플섬 /75
구름 /76
휴전선 /77
수석 /78
오늘의 이름으로 /79
그대는 커피의 맛 /80
별이 된 풀꽃들아 /81
가을아 넌 참 예뻐 /82

** 소유의 의미

4 봄꽃 사랑이고 싶어

봄꽃 사랑이고 싶어 /85
너였으면 좋은데 /86
몽당연필 /87
여름일기 /88
우리 엄마 /89
야훼의 선물 하루 /90
희망 /91
봄꿈으로 오소서 /92
봄 편지 /93
4월의 미소 /94
새해의 기도 /95
시작은 기쁨으로 /96
가슴 설레는 설 /98
3월에는 오셔요 /99
3월의 기도 /100
4월의 꽃잎 /101
5월의 나뭇잎 /102
삶은 단추 달듯이 /103
봄맞이 길 /104
필요한 우리사이 /105
마음이 흐린 날엔 /106

윤영숙 시조시집 * *

5 음악처럼 흐르는 행복

음악처럼 흐르는 행복 /109
살아있어 감사해 /110
촛불 /112
인생은 커피 한잔 /113
살아가는 동안 /114
감동을 느끼는 날 /115
5월의 노래 /116
배꽃 /117
사랑의 꽃 · 2 /118
행복한 출발 /119
5월의 선물 /120
인간시계 /121
여름배웅 /122
봄 편지 /123
가슴으로 한 사랑 /124
냉이꽃 /126
봄이 오는 소리 /127
오늘도 행복한 사람 /128
어머님 그리울 때 /129
거룩한 단어 엄마 /130
스윙 /131
삶을 웃어라 /132
평설 박래홍 /133

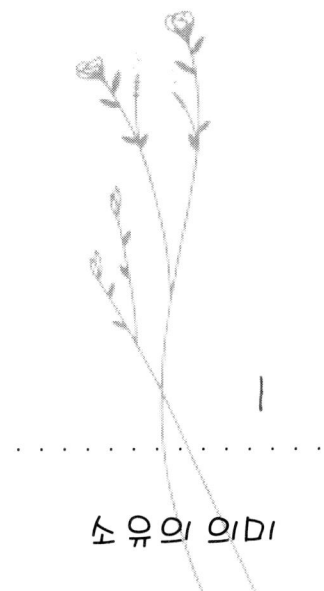

1
. . . .
소유의 의미

찔레꽃

아프다 아프다고 아무리 외쳐 봐도
괜찮다 괜찮다며 달려와 꺾으려는
손길들
때문에 더욱 아리고 아프단다

상처는 가시 되어 오랜 세월 남모르게
쏟아낸 하얀 피멍 하얀 눈물 한데 모여
사랑은 원래 아프다 당신이 말한 순간

나의 삶은 누구와도 바꿀 수 없는 축복
가을이 익어간다 걸어가지 못한 길은
영원히 고독한 바다 나는 바다 되어간다

나를 따라 올 길은 새벽안개로 간다
구불구불 후미진 길을 나는 초록의
멈출 수 없는 길을 꿈을 안고 간다오.

소유의 의미

당신이 조준한 목표물이 나였다면
호흡을 멈추고 격발하여 주옵소서
옷고름
풀어헤치고 웃으며 맞이하리라

여인의 익은 가슴 한복판 심장에다
과녁을 맞추듯이 정조준한 한 발의
총알로 명중시키어 절명시켜 주세요

당신이 거총하신 총구의 가늠쇠와
내가 바라보는 반짝반짝 빛나는
눈빛을
직선에 놓고 방아쇠 당겨주세요

심장에 끓고 있는 동백꽃 같은 피를
당신의 카바이트 불심지를 뽑아서
내 영혼
보물단지를 불태운다 하여도

당신 손에 있으면 당신의 소유이고
내 손에 있으면 내 소유란 개념보다
당신의
마음이 어디 있느냐가 중요합니다

겸손과 교만 사이

체중이 가벼워도 묵직한 사람 있고
체중이 무거워도 가벼운 사람 있듯
인격은
겉모습보다 품위 있는 언행이다

세월의 뒤안길에 교만한 사람들아
겸손 앞에 교만은 물방울일 뿐이다
사랑은 겸손과 용서 소망을 품은 자다

가을 단상

세상에 가장 값진 삶은 날 해부하여
비우고 또 비우는 것이다 가을처럼
우리는 시나브로 다 버린다는 것이다

붉게 물든 고운 단풍잎은 미련 없이
버리고 또 버려도 남는 것이 있다면
그것도 멀리멀리 다 날려버린 것이다

이승의 모든 것을 버리고 다 잊는 것
버거운 짐 벗고서 빈손으로 가는 것
평안한 마음 속 멀리 떠나가는 것이다

전분세락 말보다 어떻게 살았느냐
나누는 겸손한 삶 봉사로 희생한 삶
영원히 오지 못할 그 곳에 가는 것이다.

참살이

머리에 하얀 눈발 황혼에 물드는데
백년도 못사는 삶 고독한 자 챙겨주고
베풀다 부족했으면 내 몫까지 더 준다

한 세상 색다른 일터에서 삶을 살다
황혼에 각자 길로 돌아가는 것이다
내세에 부족하여도 전분세락 이란다

참살이로 기쁨을 서로서로 나누자
언젠가 이별해야 할 그날을 위하여
내 희생 없는 사랑은 말하지도 말란다.

하늘을 보면

하늘을 쳐다보면 내가 하늘 되었다
높푸른 하늘 내가 더럽히지 않을까
별들아
너 없는 세상 무엇을 바라볼까

찬란한 너의 모습 쳐다볼 수 있어서
고난의 삶속에서 희망을 잃지 않고
별들만
그리워하며 난 밤하늘 바라본다.

삶의 구도

푸른 산 푸른 하늘 너와 나 고향이듯
밤하늘은 무수한 별들의 고향이다
내 머리 위엔 늘 푸른 하늘이 살고 있다

바라보는 별들은 거룩한 나의 일과
하늘을 보는 일은 얼마나 숭고한가
내 임은 그리워해도 아주 먼 곳에 있다.

곡哭하는 매미

서울의 롯데월드 가로수에 울어댄
매미들 눈치 없이 인도를 지나가는
사람들 인기척에도 보란 듯 울어댄다

맴맴맴 울어대는 목소린 신성한데
목청껏 인간들을 조롱한 듯 늡늡늡
이 여름 천연덕스레 영혼을 불태운다

더욱 더 치열한 너의 단명 오 슬프다
이제 네 울음으로 서서히 나뭇잎은
변하여 무지갯빛의 단풍으로 물들었다

나의 삶도 어쩌면 너처럼 단풍들어
갈기갈기 낙엽이 되어서 여기저기
외로운 숲길 위에서 매미 주검 감싸겠다.

겨울소녀

우리나라 코리아 소녀가 자랑이다
하늘로 나비처럼 솟구쳐 빙글빙글
캐나다
벤쿠버 퍼시픽 골리시움 빙상장

가득히 조지거슈인 피아노 협주곡에
맞춰 흐른 몸동작 매혹적인 손끝 발끝
요정이 비상해 온 땅 태극기를 펼친다

겨울의 올림픽에 큰 나라를 세운다
이 세상 가장 아름다운 꽃 중의 꽃
우리의 가냘픈 소녀 김연아가 웃는다.

갈대풍신

강변에 모두 서서 일제히 춤을 춘다
허공에 호소하듯 팬터마임 연극하는
당신의 주제가 뭔지 전혀 알 수 없구나

하늘에 눈 맞추며 먹는 법法만 알았지
베푼 법法을 모르는 우매한 몸짓으로
영혼의 넋두리를 바람 속에 풀고 있다.

들풀의 노래

봄이면 무성하다는 이유 하나로만
뾰족한 호미 날에 송두리째 뽑히고
퍼런 피 뚝뚝 흘리며 고통 속에 살았다

그 누구 한 사람도 위로의 말 없었고
타는 목 물 한 방울 주는 손길 없었다
바람 불 때 막대 하나 세워주지 않았다

사람의 인정머리 그러니 어찌하나
세상은 약육강식 약자의 눈물보라
우리는 하느님 뜻과 동업하다 죽어간다.

산의 자객

온 산역이 수종개량 미명하에
조선소나무 베는 소리로
산의 평화가 여지없이 깨지며
산 숲의 식구들은 일정한 방향 없고

하산하며 뒤돌아보니
우리의 삶 고무해 주던 휴식처 하나
민둥산으로 변한 모습에
인간들 몰인정에 귓불을 붉혔다

노송들은
사지를 눕히며 최후 일배一拜를 한다.

어느 도시의 거리

어제의 거리가 낯설게만 느껴질 때
크고 작은 삶의 이야기가 움츠려든다

거리 곳곳에 깔려있는 슬픔들
벽은 숨을 곳을 주지 않는다

낯익은 도시 곳곳 길은 그대로인데
안전하게 밟고 갈 길 보이지 않는다

내 삶의 아픈 추억들 이제는
한 조각 바람꽃으로 날려 보내고

새로운
만남으로 채우며 그리움을 키운다.

가을이 오는 소리 · 1

한 잔의 커피로도 풀 수 없는 외로움
내 가슴속 그리움 바람결에 전하면

가을은 사랑을 한아름 안아들고
반갑게 찾아주는 너였으면 좋겠다

사랑한다는 관용의 말보다 석류처럼
알알이 익은 믿음의 말씀 주면 좋겠다

파란 하늘 아래 형형색색으로
아름답게 물드는 산을 드릴게요

투명해진 내 마음 붉게 물든 내 사랑
우표도 붙이지 않고 보낼 테니 받아보세요.

가을이 오는 소리 · 2

지난 봄 화단에 어머님이 뿌린 씨앗
다홍으로 불 밝혀 내 창 가득 밝히니
오늘은 누가 불러서 엎드려 임하는가

마음속 쌓아 놓은 여유롭던 사념들
그동안 정분 한 점 후회 없이 돌아갈
내일의 한계를 잎잎 가르치며 가는가

가을이 오는 소리 집안에 가득하면
꽃향기 물고 오는 벌 나비 바쁜 하루
바람의 회초리질에 나뭇잎 물드는가

세월은 얼마나 과속으로 달렸는지
아들딸 출가할 때 황소눈물 흘렸던
계절도 이맘때였다 가을은 이별인가

그리움 · 1

파란하늘 구름 속 그대 얼굴 보이고
해묵은 그리움이 내 마음을 흔드니
참았던
침묵의 언어 망망하게 허둥댄다

살아온 세월들이 단풍이 들었는지
수많은 무상 속에 보이지 않던 얼굴
그대는 마음에 핀 꽃 그리움이 되었다

계절을 초월한 그리움의 가지 끝에
청아한 새의 노래 사랑의 메시지로
아픔을 토닥거리는 사랑되게 하소서

어떤 두려움

식탁에 오른 구수한 된장국
육신에 생기를 넣으며
삶을 잘 노 젓게 무장을 시킨다

김장철
집 모퉁이 시렁에서 말린 무청
한 줄 뜯어 와 토종 된장을 풀고
멸치 몇 마리 넣고 끓인
된장국 이리 구수하랴

한평생 세상 것만
넙죽넙죽 받아먹고 산
나는 제 육신 다 주고 가는
무청만도 못한 삶 누가 알까

가끔은
자신이 미워 채찍질을 해댄다.

무지갯빛 하루
– 사랑

빨간색
내 마음에 사랑을 불러일으켜
오늘 하루 좋은 일이
얼마나 많이 있는지 찾아내고
그것들과 함께 행복을 빌어본다

주황색
내 마음에 인내를 가르치고
오늘 쓰고 버리는 것이 아니라
배우고 기다림으로 내일의
기쁨 찾아간 길목이라 생각한다

노란색
내 마음에 사랑의 소식을 전하고
사랑의 열매이므로 평화를 얻고
싶으면 먼저 사랑하라고 속삭인다

초록색
내 마음에 쉼터를 마련하고
앞만 보고 달리지 말고 보고 느끼면서
여유롭게 여백을 남긴 것이
기쁨이고 힘이라고 생각한다

파란색
내 마음에 희망을 이야기하고
아무리 노력해도 실패할 수 있고
문득 허무할 때도 있지만 내일의 그림은
늘 밝고 아름답게 그리자고 속삭인다

남색은
내 마음에 겸손의 자리를 펴보고
높아지고 교만해지는 것은
외롭고 위험하지만 겸손해지는 것은
즐겁고 안전하다며 낮은 곳에 자리를
펴고 앉으라고 속삭인다

보라색
내 마음에 사랑의 단비를 내리고
마음이 초조하고 불안한 것은
가진 것이 없어서가 아니라
사랑이 없기 때문이라 속삭인다.

자일도 안 타고

세속에 상한 마음 깨끗케 치유하러
숲길을 가는데 계류溪流가 고목나무
등걸에 달팽이가 등에 집 한 채 지고
점액질 힘겹게 끌며 천천히 오르더라

가던 발길 멈추고 다가가 보았더니
무욕의 심성으로 안테나 고추 세워
등산화도 안 신고 자일도 안타고
연약한 힘을 다하여 오르고 있더라

꽃향기 맴을 도는 멍든 마음 사이로
달팽이 느린 동작 신선한 충격으로
속도가 중요 않고 방향이 중요하다
나에게 성큼 건너와 감속하라 가르치더라.

고장도 없는 세월 · 1

하루하루 해는 뜨고 지기를 반복하고
몇 푼돈 주머니 속 들랑달랑 하더니
일주일 못가서 휙~ 날아가 버렸구나

이렇게 시간은 흐르는 강물처럼
내 인생을 보듬고 돌아도 보지 않고
오늘도 그저 앞만 보고 떠나가 버린다

고장 난 벽시계란 유행가 가사처럼
시계는 고장 나서 못 돌게 붙잡아도
세월의 시계바늘은 고장이 없구나

세월 따라가는 인생 나의 이 육신은
하나 둘씩 망가지고 고장이 나는데
세월은 도돌이표도 쉼표도 없구나.

고장도 없는 세월 · 2

스쳐가는 바람인지 흐르는 유수인지
내 인생을 데리고 흘러서 가는 것이
하늘의 구름과 같이 둥실둥실 가구나

이제는 온몸이 망가져서 덜컹덜컹
중고품 되어버린 고집과 욕심들을
다짐하는 오늘 과거를 거울삼아
세월 속 흘러가야지

어둠이 떠나면 또 하루가 시작되니
들꽃 같은 인생살이 밟히면 밟히고
꺾으면 꺾여야 했던 지난 과거 거울삼아
세월 속 흘러가야지

갈라진 발뒤꿈치 채이던 돌부리도
이제는 거뜬히 견딜 수가 있었다
인생길 죽고 싶도록 속상하던 마음도

세월이 지나면 마음결도 평평하게
창호지 문에 꽃잎 한 장 발라 풀칠했던

그 옛날
햇살에 말리면 팽팽하게 펴지듯이
우리네 주름진 인생도 그리 되었으면….

초가향수
– 낙안읍성에서

산자락이
지평을 손잡아 대립치 않고
평화스럽게 모여 앉은
송이버섯 일군―群

소유치 않아도 부족함 없고
머리에 용마름 모자를 씌우면
삭풍은 거기서 미끄러지고
겨울엔 참새들의 보금자리

유년 적 식구들 웃음이
피어나는 집
찬 가슴들 덥혔는데
오늘은
성곽 안에 갇혀 관광객을 맞는지

굴뚝에서 연기를 피워내
낯익은 풍경을
뼈저린 가난을 기억하며
순도 높았던 죽마고우를 추억한다.

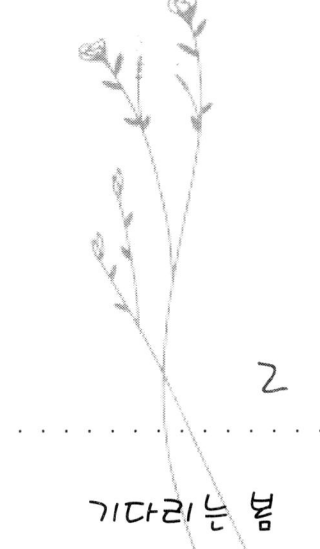

2

기다리는 봄

그리움 · 2

동심의 세계에서 짝이었던 그 얼굴
파~란 하늘 속에 하~얀 구름처럼
해묵은
그리움으로 내 마음을 흔든다

망망하게 허둥대며 살아온 세월들
보이지 않던 얼굴 단풍드니 살며시
그리운
마음까지도 가을 속에 나부낀다.

기다리는 봄

꽃잎이 졌다 해도 아주 진 줄 아느냐
당신을 잊었다고 아주 잊는 줄 아느냐
내 곁을
떠났던 봄은 또 다시 오더이다

앞산에 뻐꾸기가 피울음 울 때마다
뒷동산 진달래꽃 방실방실 웃으며
내 곁을
떠나간 임과 손잡고 오시리라

먼 하늘 바라보며 기다리는 봄이여
강물은 흘러흘러 돌아올 줄 몰라도
내 곁을
떠났던 당신 또 다시 오시리라

가을 연가

가을이 나를 보고 무엇이 부끄러워
무지갯빛 얼굴로 붉었느냐 물으니
가슴속 깊이 숨겨둔 사랑 들통 났구나

그대가 그리워서 날마다 기다리는
설렘을 참지 못해 꼭꼭 눌러 묻어둔
마음속 수줍은 사랑 울긋불긋 타구나

난 당신을 만난다는 그날의 생각에
가슴속의 설렘이 붉디붉게 타올라
내 마음 노을빛 사랑 찬란하게 물든다.

비 오는 날

톡톡톡 빗방울이 나에게 노크를 해
울고 싶은 내 마음 빗방울은 눈치채
내 눈물 바라보면서 흥얼흥얼 콧노래

엉엉 울고 싶으면 참지 말고 울어 봐
슬퍼서 우는 것 부끄럽게 생각 말고
인간사 피눈물 없는 사람이 어디 있냐.

봄빛

연둣빛 새 옷 입고 찾아온 그댄 누구
벌거벗은 나뭇가지 봄빛이 방실방실
병아리 부리 같은 입 쑥 내미는 그대여

과거의 거짓 웃음 허황된 옷을 벗고
부푼 꿈 품어 안아 연둣빛 훈계하듯
그대는 어두운 세상 밝히는 희망이다

비단결 같은 마음 온전히 쏟아내어
삭막한 세상살이 파릇파릇 춤추며
그대가 끌고 온 세상 태초의 사랑이다.

사랑의 꽃 · 1

욕심을 털어내고 마음을 빗질할 때
그래그래 고개를 끄덕이며 순수한
눈길로 내 마음속에 피어나는 밝은 꽃

온 세상 밝혀주는 좋은 말 전할 때면
그래그래 고마움에 꽃술을 달고 환한
미소로 내 마음속에 피어나는 예쁜 꽃

슬프고 힘들어도 정성으로 가꾸어
고달픈 인생살이 가난한 마음속에
사랑의 열매 하나씩 선물하는 희망 꽃

낙엽을 바라보면

낙엽을 바라보면 그것은 나의 운명
온 산하 나무들이 자연의 섭리 따라
봄여름
눈물로 이룬 아름다운 오색단풍

바람에 쫓겨 가는
포도鋪道 위 낙엽들이
봄여름 가을은 힘들어도 행복한데
겨울은
얼음장 같은 인간 삶이 걱정된다.

벚꽃

봄바람 불 때마다 시야를 뒤덮은
연초록 잎 사이로 벚꽃은 하늘하늘
행인의
옷자락에도 은비꽃비 내린다

꽃비의 아우성에
온 땅이 젖어갈 때
그림 같은 화려한 풍광에 살다가는
인생도 화무십일홍 그 무엇이 다를까

내 고향은

내 고향은 첩첩산골 교회도 절도 없고
교통이 좋다거나 명승고적 아니며
문화재 하나도 없는 가난한 농촌마을

아버지 할아버지 쟁기질 소리 있고
어머님 땀 냄새 절인 베틀 노래 듣고
전설이 골짜기마다 깃든 내 고향마을

기쁘고 슬플 때 뒷동산에 올라가서
새들과 노래하고 꽃잎과 입 맞추며
백일홍 발등 긁으면 간지러워 하하하

첫사랑

사랑하는 마음은 얼마나 거룩한가
쉽고도 어려운 것 사랑이 아니런가
첫사랑
그대의 이름 내 품속에 안으리라.

산행은 인생의 길

정상만을 향하여 땀 흘려 걷는 산행
숲속에 부는 바람 삶의 땀 씻어주니
당신의 인생살이에 발걸음도 가볍다

앞만 보고 오른 산행 정상에 오르면
인생길 다 보이니 마음은 넓은 바다
세상을 살아나가는 활력소가 되었다

어제는 청춘인데 오늘은 늙은이라
풋사랑 좋다지만 익은 사랑 소중하니
황혼의 노을빛보다 뜨겁게 사랑하자.

5월의 선물

5월 아침 꽃잎 속엔 영롱한 이슬방울
한낮엔 눈부시게 쏟아진 햇살 받아
매혹의
초록빛깔로 유혹하는 당신 숲

아무도 모르는 좋은 느낌 자꾸자꾸
당신의 마음에 노란 장미 빨간 장미
사랑의
불꽃이 되어 내 심장을 녹인다

꽃향기에 취해서 오도 가도 못하고
바람 속에 갇혀 잠든 만발한 꽃다발
5월을
당신 가슴에 깊이깊이 묻는다.

동백꽃 자태 · 1

당신의 붉은 미소 동백꽃 자태로다
하얀 겨울 숨결 속에
붉게 타는 꽃잎은
활활활 사랑의 열정 고귀한 생명이다

눈부신 초록바다 불 밝힌 동백꽃은
내 사랑 나의 의지 미래를 밝혀주니
온 세상 북풍한설이 몰아쳐도 따뜻하다

펑펑펑 눈 쌓여도 동백꽃은 불타고
고난 이긴 너 의지
인간은 감동하여
고요한 가슴을 열어 세상은 흥분한다.

동백꽃 자태 · 2

동백꽃은 겨울의 차가운 숨결 속에
피어나는 생명으로 그 붉은 꽃잎은
사랑의
열정 고요한 정원은 흥분한다

검붉은 눈빛으로 세상은 물이 들고
북풍한설 살을 에며 불어올 때마다
그 꽃은
더욱 빨갛게 매력을 발산한다

삭풍이 몰아쳐도 절망이란 모르고
불타는 사랑으로 희망을 노래하니
동백꽃
굳은 절개는 감동을 주는 삶이다

약해지면 안 되오

꽃잎은
불행하다 한숨짓지 않아요
약해지면 안 되오

바람은
한 쪽 편만 들지 않아요
약해지면 안 되오

햇살은
힘들고 괴롭다고 말하지 않아요
약해지면 안 되오

꿈은
누구나 평등하게 꿀 수 있어요
당신도 약해지면 안 되오.

삶의 여백

마음이 조급해서 항상 그런 것이지
세상이 그렇게도 바쁜 것은 아니지
서로가 바빠 서둘러 가려하는 것이다

우리는 다함께 발맞추어 뛰어가고
시간은 착각착각하며 같은 속도로
유유히 흘러 흘러서 가고 있는 것이다

인생은 차츰차츰 삶 속에서 여유로
멋진 주변 풍광도 찾아서 만끽하며
누군가
그리워하고 기다리며 사는 것이다

힘이 들 땐 벤치에 앉아서 하늘 보고
삶을 조금 느리게
걸어가도 괜찮아
인생은 속도보다도 과정이 중요하다.

가을

고추잠자리 떼 지어 오선지를 그으면
바이올린 타는 소리 고요한 기도소리
갈바람
높은음자리표 구름 되어 흐른다

땡볕을 견뎌내고 꽃이 진 자리마다
설익은 그리움이 농익어 박혀 있고
영혼의 텃밭엔 그들 연주가 익어간다

가을의 노래

마음의 문 열리니 단풍잎 물이 들고
소녀들 웃음소리 높아가는 가을하늘
햇살이 곱게 내려와 나비처럼 훨훨훨

졸졸졸 정자아래 흐르는 물속에서
새털구름 조각구름 뭉게뭉게 돛달면
윙윙윙 가을바람이 익어가고 있구나.

무지의 새

주일 아침 아파트 놀이터 목련꽃에
홀로 앉아 울고 있는 저 새의 고독함
새들은 무엇 때문에 사는지 모르리라

왜 사느냐 물어보면 그런 것 알아서
무엇하냐 자리를 뜰 것이 당연한데
새들은 인간 철학을 알려하지 않는다

해탈이 무엇인지 나눔과 관계없이
교미의 쾌락주의 이기적 철학으로
새들은 재잘거리며 큰 나무를 품는다.

강가에 서서

차츰,
할 말을 쓸 수 없는 날에
유유히 내 생을 가로질러 흐르는 강둑에 나와
그대에게 편지 한 장 띄워 보냅니다

내 어릴 적 놀던 그 강둑,
언제나 햇빛은 눈부셨었지요

나의 손바닥 위에 홀연히 그 햇빛 한 줌
부서지는 아픔에 소소리바람 입맞춤하고
그걸 바라보느라 어느덧 해 저물었습니다

강 건너 빈집에는 불이 켜지고
머리 위엔 노을이 걸릴 때
강둑에 매어 놓은 나룻배 한 척
황혼 따라 노 저으며 흘러가고 있습니다

어디선가 날아왔는지 물총새
동무 되어 따라가고 있습니다.

영혼 없는 사람들

당신이 하하하 웃을 때가 난 좋아요
더 좋은 것은 당신 때문에 다른
사람이 행복하게 웃을 때입니다

사람 위에 사람이 없다고 말하지만
인격 위에 권력 있고
인간 위에 재물 있다
사람의 냄새가 나는 사람이 좋아요

정 많고 손 따뜻한 사람이 좋아요
세상살이 힘들다 아무리 말하지만
이별을 아쉬워하는 사람이 좋아요

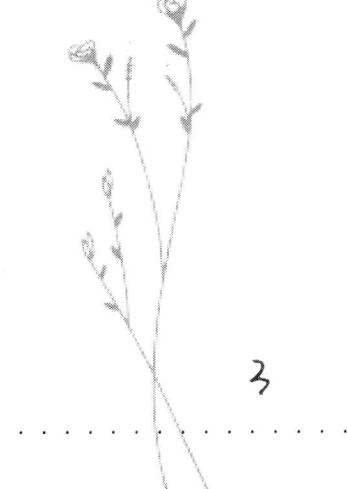

3
. . . .
도화지 위의 오늘

도화지 위의 오늘

아무리 힘든 일도 어제라는 시간에
묻히고 말았듯이 오늘은 오늘일 뿐
새하얀
도화지 위에 오늘을 그리듯이

도화지는 새롭고 깨끗할 뿐입니다
어제 일 가져와서 다시는 그리지 마
새집에 오늘이라는 새로운 글을 쓰라

버려야 할 어제의 문제들은 미련 없이
버리고 힘차게 웃으면서 고운 그림
오늘의 도화지 위에 새롭게 그려요

내가 가는 길

내가 가는 길은 언제나 그 자리에 있고
나를 외면하거나 따라 오지 않는다

나를 따라 오는 길은
얼마나 많은 길에서 방황하고 있을까

구불한 길이라도 굽어서 걷지 말고
바른 길도 똑바로 걸어야 바른 길이다

내 길은 언제나 나보다 먼저 가지 않는다
내가 걸을 수 있는 만큼이 내 길이다

봄꽃이고 싶어라

나는 봄꽃이고 싶어라

벌 나비 찾아와서 입맞춤도 해주고
아지랑이 발끝에 아롱아롱 매달린
그리움

봄바람에 깨어나 꽃향기 진동하고
큰 가슴 흔들면서
눈부시게 다가오는 그대여

그대가
벌이라도 좋고 나비라도 좋아
그대 날아들면 꽃잎 열고
웃음을 짓는 한 잎 봄꽃이고 싶어라

눈

세상에 흩날리는 것들이 눈뿐이랴
겨울의 조각 작품
눈송이 겨울나무
맨살 위 내려앉는데 마르지 않은 나목

하얀 옷 입힌 눈물 그대의 어깨타고
흐르는 강물은 누가 보낸 고백인가
칠흑의
밤하늘에는 흩날리는 군무들

저 작은 은빛조각 겨울바람 소리에
발걸음 종종거려 움츠리는 내 어깨
가슴이
통통통 뛰는 발등 위로 흩날리다

봄 마중

부푼 가슴 설렘 안고 봄 마중 갔더니
그대가 꽃가마를 타고 오던 그 길에
추억의 마중물 되어 봄 마중 가렵니다.

봉선화

엄마가 담장 밑에 심어 놓고 하늘간
해질녘 장독대에 떨어진 꽃잎 주워
누님은
손톱에 묶고 시집가는 꿈 꾼다

귓전의 매미소리 아무도 날 보는 이
없지만 괜스레 내 얼굴은 화끈거려
꽃잎은
손톱마다에 붉은 길을 내었다

한여름 그림자도 없는 밤 은빛가루
살금살금 밟으며 사랑이 온다더니
빨갛게
물든 가슴에 황혼 빛만 찬란하다

여백

말을 줄이니
마음이 들리더라
채우지 않으니
비로소 채워지더라

허공 같은 빈자리 속에
빛 하나 스며들고
침묵의 끝자락에서
진실이 피어나네

너무 많은 것들이
우리 사이를 가렸었구나

이제야 안다
여백이 있어야 삶도
사랑도 숨을 쉰다는 걸

심연深淵

단풍잎을
머리에 풀어놓고 해맑게 웃는다
하루의 일상이 온전히 잠들어 있다

오늘은
바람도 여행을 떠나고 없고
시골의 한가운데 그녀가 앉아 있다

눈발 속에 피어났던 한 송이 매화
내 마음이다
그림도 없고 그늘도 없는 나는 너였다
어제의 저녁 하루만

바다보다 깊다, 저 마음
짙다 못한 저 울음
갈매기 한 마리가 주워 먹는다

더 깊어진 저 여인의 한恨

산울림 · 1

금강송 허리 베는 소리에 노송들은
사지를 눕혀 최후 일 배를 하구나
산새들
묵묵히 보는 눈엔 구름 맴돌고

사람 삶 안아주던 휴식처 민둥산엔
몰인정한 인심에 나는 귓불 붉히며
숲길을
걷다본 고목 등걸에 발치이다

돌아본 초록 잎 새
햇살이 반짝반짝
달팽이 한 마리 등에 집 한 채 지고
안테나 곧추세우고 무욕의 심성으로

점액질 뿜어대며 힘겹게 끌고 간다
제힘을 다하여 오른 너의 느린 동작
나의 삶
뒤안길 돌아 걸어가게 하구나.

산울림 · 2

아픈 거 괴로운 거 모두 그런 것인데
시공을 흘러가고 넘어가다 눈뜨면
이 또한 지나가리라 고난의 인생살이

놓아주지 못하고 애증처럼 붙잡아
보듬고 이끌어도 허망한 실상의 것
세월은 결국 찢기어 소멸되는 것이다

그대는 비움의 고요 속에 침묵 깨고
소란한 마음으로
붉게 물든 눈시울
세상사 모두 모두가 그런 것 아닌가요.

가슴이 시려온다

남쪽에 흐른 강물 어디로 흘러갈까
북으로 출렁출렁 흘러간 것 아닌가
동생을 업고 오르던 그날의 피난길

그리운 금강산 진달래꽃 자작나무
고향 흙 한 움큼 싸안고 다시 간다
약속도
돌아갈 수 없는 강이 되고 말았다

겨울바다

관객 떠난 무대처럼 쓸쓸한 겨울바다
무얼 보러 왔을까 그 공허한 바다로
오로지 모래알 같은 사람 중에 한사람

부서지는 파도 속에 그 사람 지우러
어우러져 흐르다 멈춰버린 우리 가슴
바닷가 검붉게 태운 몽돌처럼 둥글둥글

하얗게 부서지는 파도에 먹물처럼
번진 내 생의 숱한 사연들 묻으며
호올로 견뎌온 고뇌 잘 배우고 갑니다.

바다 · 1

수평선에 걸린 노을 별들을 부를 때
그 자리에 너는 그냥 포말처럼 서있어
생생한 추억 삼키는 섬의 노래 듣는다

도발을 꿈꾸지 않는다면 듣고 있어
섣불리 파도에 엉키지 마 노르스름한
달무리 속 비린내를 섞어주렴 가까운 듯

먼 섬에 숨어 있는 사랑 노래 남겨두고
부드러운 젖가슴 여인 같은 모래톱에
차가운 너의 영혼은 온기가 솟으리라.

바다 · 2

누군가를 만나려고 온 것이 아니라
뱃속에서 나올 때 빈손으로 왔으니
바다에 모두 것을 다 버리려고 왔다

바다처럼 부자 되고 싶어서도 아니라
어쩌면 바다 위에 떠 있고 싶었으니
여인의 젖가슴처럼 부드럽게 살고 싶다

배도 갖고 싶구나 갈매기랑 놀고 싶어
붉게 타는 태양이 수평선을 넘어오니
어느새 버리려고 온 마음 가득 욕심이라

퍼플섬

여름이 비를 품고 있다

해도, 구름도, 바람도

비는
하늘 뚜껑을 열어 놓고 멈추질 않는다
비에게 얹혀살고 있는 어둠도
어찌할 바를 몰라 허둥거린다

비는 혼자서 젖지 않고
보라 마을로 들어가고 있다
보라 빛 출렁다리는 진한 물감을
마구잡이로 풀어 헤친다
꽃, 바람, 사람까지도…

구름

오래 한 곳 머물지 못하는 떠돌이
흩어진 아기 불러 색동옷을 만들고

숨바꼭질하다가 심심하면 손잡고
강강술래 빙글빙글 돌아간다

저녁에 만나서 오빠생각 노래하며
북녘하늘 넘어서 고향으로 갑니다

해님이 곱게 만든 빨간 저녁놀 속에
내일의 꿈 그려 놓고 스르르 잠이 든다.

휴전선

얼마를 더 울어야 휴전선을 넘을까
155마일 철조망 언제쯤 끊어질까
녹슬어 갈 수 없는 길 철마는 울고 있다

한 많은 분단 고개 울고 넘는 바람아
이 땅의 민족염원 불 지핀 등불로
휴전선 철조망을 훨훨훨 태워다오

녹슬은 철길에 죽은 전우 눈물 얹어
칠천만 동포의 가슴에 응어리진
휴전선 밤하늘에 사연 한 줄 띄워보네

이 땅에 자유와 평화개혁 등불 밝혀
끊어진 허리에다 솔기 깁 듯 봉해서
한반도 평화통일의 금자탑을 세우자

불꽃 사위 줄 당기면 떠오른 붉은 태양
녹슨 철로 반짝반짝 노둣돌 놓아서
한민족 함께 만나서 온 누리 조명하자.

수석

응접실 진열장 속 수석 몇 점
세상 풍상 고백하면 나도 수석에게
마음의 정분을 묵계로 보낸다

그저 묵묵히 제 말을 한다

마침 없는 절식은 자기의 식량이며
마침 없는 고독은 자기의 불멸이며
마침 없는 침묵은 자기의 연어라고…

묵언으로 나를 바라본다

그렇게 묵언을 나누다 보면
그렇게 수석처럼 살아갈 수 있다면
죽음의 강도 뛰어넘을 수 있겠다

오늘의 이름으로

아무리 힘들었던 일도
어제라는 시간에 묻히고 말았지요
오늘은
다시 새 하얀 도화지에 물을 들입니다

새로 지은 마음에
햇살 머무는 나뭇가지며
고운 새 한 마리 키울 겁니다
오늘이
몸부림이 아니라 순응하는 것이라고…

그대는 커피의 맛

그대는 커피처럼 따뜻해서 좋아요
가슴이 포근해서 안기고 싶었어요
빙산이
덮어도 춥지 않을 것 같았어요

설탕처럼 달콤한 사랑이 필요해요
그러면 외롭지 않을 것만 같았어요
나 오직
그대만을 꼭 만나고 싶었어요

그대를 만났을 땐 쓴맛 단맛 없는
담백하고 담담한 커피 향 같았지만
점차로
그대에게서 달콤한 맛 느꼈어요

추워서 커피처럼 따뜻한 만남이
외로워 설탕처럼 달콤한 사랑이
그대는
커피의 맛이라 이젠 생각해요.

별이 된 풀꽃들아
- 자폐아를 보면서

불타는 노을처럼 외로움을 달구고
해맑게 웃고 있는 당신은 누구십니까
해맑은 당신에게서 하늘냄새 나네요

너 별과 나 별을 모아 영혼의
귓속말을 하는 당신은 누구십니까
해맑은 당신에게서 하늘냄새 나네요

헐벗은 알몸으로 웃음이 마르지 않은
소리마저 약탈했던 당신은 누구십니까
해맑은 당신에게서 하늘냄새 나네요

이제는 머~언 우주항해를 노 저어
별처럼 빛나는 당신은 누구십니까
해맑은 당신에게서 하늘냄새 나네요

내 영혼도 한 송이 들꽃으로 피었다
불러도 대답 없는 당신은 누구십니까
해맑은 당신에게서 하늘냄새 나네요

가을아 넌 참 예뻐

가을아 넌 참 좋겠다
너도나도 좋아하니까
사랑을
듬뿍 받아서 울긋불긋 물드니

가을아, 넌 참 좋겠다
너를 만나려고 오매불망 기다리니
기억해
주는 사람이 있으니 말이야

가을아, 넌 참 좋겠다
풍성한 오곡백과
주머니마다 채워주니
황금빛
열매 잔잔한 감동을 주잖아

가을아, 넌 참 좋겠다
가을이라고 누구에게 편지를 쓰니
그리운
사랑이라고 말할 수 있어서

가을아, 넌 참 좋겠다
가을아 자꾸만 이름 불러주고
예뻐해 보듬어주는 내가 있으니…

4

봄 꽃 사랑이고 싶어

봄꽃 사랑이고 싶어

파르르 눈을 뜨는 풀잎들 사이사이
방긋방긋 햇살이 춤추며 내려오니
나뭇잎 연한 숨소리 물소리가 되었네

산에도 들에도 내 마음에 싹이 나
이젠 봄인 듯싶어 정말 꽃인 듯싶어
우리들 꼭 봄꽃 같은 사랑이고 싶어라

그윽한 삶의 향기 소중했던 추억은
변함없이 흐르는 추억 속 강물처럼
순수한 사랑 나눌 수 있기를 소망하네.

너였으면 좋은데

친구와 나란히 누워 잠을 잘 때면
더 많은 이야기를 밤새도록 나누는
침묵의 밤을 싫어한 너였으면 좋겠다

꽃내음 맡으면서 왕자와 공주로
하늘에 백마 타고 오르고 싶은 우리
봄꿈을 간직한 동화 너였으면 좋겠다

눈비 오는 날에는 누군가를 그리며
물결 위 무수히 반짝이는 햇살처럼
웃음을 아낄 줄 모른 너였으면 좋겠다

서로의 표정을 살핀 친구 모습으로
마음을 정리하지 않아도 좋을 만큼
따뜻한 가슴을 가진 너였으면 좋겠다.

몽당연필

아침마다 새로 쓰는 나의 일상은
한 자루의 몽당연필 같은 것

나는 기쁘고 고마운 마음으로
이를 받아들고 열심히 깎아 써야 하겠다

나 역시
한 자루의 몽당연필이 되어

자신을 깎아내는 겸손과
사랑의 서약을 더욱 새롭게 써본다

여름일기

햇볕에 춤을 추는 하~얀 빨래처럼
여름엔 깨끗한 기쁨을 맛보고 싶다

영혼의 속까지 태울 듯한
태양 아래 나를 빨아 널고 싶다

여름엔 잘 익은 포도송이처럼
향기로운 땀 흘리고 싶다

땀방울마저도 노래가 될 수 있도록
뜨겁게 살고 싶다

오랜 세월 파도에 시달려 온 섬
이야기를 듣고 싶다

침묵으로 엎디어 기도하는 그에게서
살아가는 법을 배워 오고 싶다

우리 엄마

종이에 엄마라고 쓴 낙서만 보아도
그냥 좋다 울 엄마의 모습이 보인다

엄마 하고 부르는 소리만 들어도
그냥 좋다 그의 엄마가 내 엄마 같다

엄마 없는 세상은
생각만 해도 눈물이 앞을 가린다

몸이 아프고 마음이 아플 때
제일 먼저 엄마를 부르면 살 것 같다

엄마는 병을 고치는 의사
미움도 사랑으로 바꾸는 요술 천사

자꾸자꾸 그리워해도
그리움이 남아 있는 나의 엄마

야훼의 선물 하루

어둠을 밝혀주는 하루라는 태양은
야훼가 보내주신 거룩한 선물이다
미지의 세계를 개척 금자탑을 세우자

하루를 계획해도 어떻게 될는지는
아무도 알 수 없는 희망의 박스이다
날마다 새로운 의미 하나둘 열어가자

오늘은 무슨 일이 얼마나 생길는지
매일매일 희로애락 새로운 하루다
행복은 일체유심조 마음속을 비우자

차든지 뜨겁든지 미지근 하지마라
마음을 비우면 아름다운 하루이다
내일은 좋은 하루의 선물이 올 것이다

희망

24시간 4계절 사랑을 속삭이면
행복이 넘실넘실 꽃피는 마음이요
오늘도
희망이 솟는 하루 큰 선물이다

봄꿈으로 오소서

꽃핀 봄날 백마가 이끄는 마차 타고
파란 하늘 저편서 날아오듯 오시렵니까

아지랑이 춤사위 이산 저산 진달래꽃
발그스레한
볼 쓰다듬으며 그렇게 오시렵니까

어렴풋이 들리는 계절의 순백함을 배운
당신은
바람의 색깔에 따라 바뀌기 때문입니다

지금
내 손에 있는 촉촉이 젖은 가슴으로
오늘밤 봄꿈 같은 당신을 맞이하렵니다.

봄 편지

민들레 하얀 꽃씨 바람으로 오셔요
풀 섶에 이름 모를 들꽃으로 오셔요
연둣빛 고운 산새의 노래로 오셔요

해마다 내 가슴에 보이지 않게 숨어
살아오는 봄이여 진달래 꽃망울처럼
아프게 부어오르는 은밀한 그리움

말없이 터뜨리며 나에게 오셔요
눈 덮인 산골짝 흐르는 물로 오셔요
잔기침 콜록콜록하며 들꽃으로 오셔요

4월의 미소

4월의 꽃빛깔이 변색치 않는 것은
꽃이 서로 예쁘다 앞서고 뒤서거니
한 때의 추억 청춘이 그리운 까닭이다

4월의 꽃향기가 시들지 않는 것은
구름은 흘러가도 발자국 흔적 없듯
아직도 살날의 미련 남아 있는 까닭이다

4월의 꽃바람이 보이지 않는 것은
구름 같고 바람 같은 고독한 인생
꽃잎들 낙화의 아픔 남아 있는 까닭이다

새해의 기도

평범한 가슴속에 별을 안은 따뜻함
어려움 속에서도 절망하지 않고서
신뢰와 용기로 사는 사람 되게 하소서

더도 덜도 말고서 정월의 보름달로
환하고 둥근 마음 나날이 새로워져
희망의 삶 살아가는 사람 되게 하소서

누구에게 친구로 다가서는 이웃들
말보다는 행동이 진실로 앞서가는
사랑의 마음으로 산 사람 되게 하소서

그날이 그날 같은 평범한 일상에서
새롭게 꽃이 피고 고마움이 넘치는
더불어 사는 겸손한 사람 되게 하소서

시작은 기쁨으로

Happy new yaer
2025년 1월1일 아침 첫눈 첫사랑
첫걸음 첫무대 첫 약속 첫 여행
처음의 것은 늘 신선하고 아름답다

순결한 설렘은 기쁨이 숨어 있다
새해 첫날 아침 첫 기도가 아름답듯이
우리는 아침에 초인종을 누르며
새로이 찾아오는 고운 첫손님
아침은 환히 빛나고 있다

Happy new yaer
2025년 1월1일 아침
다시 시작하는 기쁨으로 첫눈 첫사랑
첫걸음 첫무대 첫 약속 첫 여행
처음의 것은 늘 신선하고 아름답다

새해 첫날 아침
첫 기도가 아름답듯이
우리는 아침에 초인종을 누르며

새로이 찾아오는 고운 첫손님
아침은 환히 빛나고 있다.

가슴 설레는 설

친지들 만나고파 마음이 벌렁벌렁
가족과 교우하며 소망이 이뤄지는
모두가
행복한 설날 이뤄지게 하소서

소식이 궁금해서 걱정이 태산인데
만나서 담소하다 떠나가면 아쉬워
모두가
고요한 설날 거룩하게 하소서

3월에는 오셔요

2월이 떠나가면 3월에는 오셔요
먼~길 오시면서 이웃도 살펴보고
강산도 구경하면서 쉬엄쉬엄 오셔요

개나리 진달래꽃 명자꽃 자운영꽃
풋나물 막걸리에 흥얼흥얼 오셔요
꽃향기 실컷 맡으며 비틀비틀 오셔요

포근한 내 가슴에 편안히 눕히리라
그 동안 쌓아 놓은 추억의 희로애락
못다 한 사랑이야기 모두 풀어 놓아요

3월의 기도

3월의 봄기운을 받아서 가지마다
기쁨이 사과처럼 주렁주렁 열려서
마음이
꽃기운 받아 충만하게 하소서

지나간 추억은 아쉽지만 아름답고
시간은 우리에게 희로애락 전하며
눈가에
그리움 넘친 사람 되게 하소서

사랑을 알기에 내 마음속 보물 상자
열어보면 영롱한
이슬처럼 투명하게
살아온 발자취 하나 행복 되게 하소서

4월의 꽃잎

4월의 꽃잎들이 예쁘게 앞서거니
내 꽃의 빛깔이 바래지 않는 것은
한 때의 청춘이 너무 그리운 까닭이다

4월의 꽃잎들이 예쁘게 뒤서거니
내 꽃의 향기가 시들지 않는 것은
아직도 살날이 남아 있다는 까닭이다

4월의 구름은 흘러가도 흔적 없고
바람은 불어와도 발자취가 없으니
인생은 뜬구름 같이 바람 잡고 춤춘다

4월의 꽃잎들이 예쁘게도 피었으니
그대여, 젊음을 낭비하지 마소서
일생은 흐르는 강물 짧기만 하는구나.

5월의 나뭇잎

5월에는 내 마음 더 푸르게 하소서
성실한 삶의 의미 깨닫게 하소서
찰나의 시간들이 영겁으로 이어지니
운명을
결정하는 기회임을 알게 하소서

꽃잎에서 고개를 조금만 돌려도
세상은 오만가지 빛깔의 예쁜 꽃들
자기가 제일인 양 활짝 피었다

5월은 온천지가 푸르고 아름다워
눈으로 볼 수 있고
꽃향기 맡아 감사
당신의
사랑 느낄 수 있어서 감격이다

내일은 내 것 아니고
내년은 너무 멀어
오늘이 문을 열고 기다리고 있으니
5월의 푸른 나뭇잎 하나하나 사랑하자.

삶은 단추 달듯이

떨어진 단추를 제자리에 달고 있는
나의 손등 위에
배시시 웃고 있는 고운 햇살

오늘이라는 새 옷 위에
나는 어떤 모양의 단추를 달까
산다는 일은
끊임없이 새 옷을 갈아입고
떨어진 단추를 제자리에 달 듯
평범한 일들의 연속이지요

탄탄한 실을 바늘에 꿰어
하나의 단추를 달듯
제자리를 찾아 뿌리를 내리는 일

보는 이 하나 없어도
함부로 살아갈 수 없는 언행
나의 삶을 확인하며 단추를 다는
이 시간 낯설던 행복이 웃고 있다.

봄맞이 길

앞질러 가며 살아 피는 기쁨을
노래로 엮어 낸 샛노란 눈웃음 꽃

샛노란 개나리 꽃잎 네 개마다
믿음 소망 사랑 행복

이름을 붙여 봅니다
길게 늘어선 개나리 꽃길 사이를
지나며 정겨운 눈인사를 받으니
황홀하고 조금은 부끄러운 마음입니다

삶이 고달파도 지금은 웃어요
개나리 노란 봄은
내게 그렇게 말하는 것 같습니다

필요한 우리사이

바람만 불어도 토라지는 사이인가
나하고 당신하고 사이가 궁금해요
서로의 다른 색깔이 조화를 이루지요

구름만 끼어도 토라지는 사이인가
너와 나의 겸손은 서로의 이해지요
우리는
서로에게 꼭 필요한 사랑이지요.

마음이 흐린 날엔

마음이 흐린 날엔 맑아져라
창문을 닦아 본다
마음이 어두워지는 날엔 밝아져라
욕심을 태우는
촛불하나 밝혀둔다

마음이 아파오는 날엔
괜찮다 나를 다독여 칭찬한다
마음이 지치는 날엔
힘내자 힘내봐 응원해 본다

마음이 시리도록 먹먹해지는 날엔
웃어봐 웃어보렴 위로해 주고
마음이 힘들어 무거위지는 날엔
잘 될 것이다 더 좋은 날이 올거야
용기를 북돋아 준다

내 안에 있는 내가 나를 지치지 않게
내가 용기 잃지 않게 내게 아프지 말라고
힘을 내라고 토닥토닥

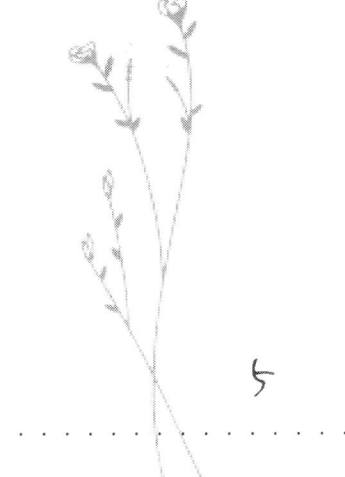

음악처럼 흐르는 행복

음악처럼 흐르는 행복

사람을 좋아하고 만남이 그리워서
책갈피에 끼워 놓은 예쁜 사연
사랑하고 살아있다는 숨소리 감사
커다란 머그잔에 담긴 커피 향처럼

인생 담긴 향기로운 아침이 행복
어디서 끝날지 모르는 여정의 길
마음 터놓고 이야기할 수 있는
사람이 있어서 좋다

말이 통하고 생각이 같고
눈빛 하나로 마음을 읽어주는
좋은 친구가 있어 행복하다

녹슬어 가는 인생에 사랑받는
축복으로 고마운 사람과 함께하는
음악처럼 흐르는 하루의 시작이다

살아있어 감사해

더 아프지 않음에 감사
좋은 사람이 있어 더 감사
가고 싶은 곳이 있고
보고 싶은 사람이 있고
생각나는 추억이 있어 감사

받은 은혜를 생각하니 감사하고
나눌 것이 있어 감사하고
내일을 기대하게 되니 감사

하루를
살아가는 일이 있어 고맙고
감사한 일 눈물 나도록 소중한 일상
행복에 겨운 일이 되니
매일의 순간이 큰 축복
날마다 감사한 맘이 넘쳐난다

살아온 날이 더 길고
살아갈 날의 비중은 크지 않지만
허투루 보낸 젊은 시절의
순간이 많았음을 알기에

나이를 먹는 요즘의 하루는
참 귀하고 소중한 것이다
언제나 그랬지만 주변에
좋은 사람 가득이라 행복하고
나 또한 좋은 사람으로 살려한다

촛불

부처님 미소를 어우르는데
촛불과 바람 정답게 논다

법당 촛불, 하얀 심지
까맣게 태우며 진땀 흘리는 것은
태워야할 것이 많아서 일까

법당 부처님
온화한 미소로 앉아 계심은
위로할 사람이 많으신가보다
대웅전 돌확에 핀 연꽃향기

인생은 커피 한잔

처음에는 뜨거워서 마실 수 없더니
시간지나 마실만하니 금방 식더라
인생은 한 잔의 커피 빨리도 식더라

인생은 따뜻했던 한 순간을 놓치면
식어버린 커피처럼 맛없는 삶으로
인생의 참맛을 잃게 될는지도 모른다

흐르는 강물처럼 세월은 덧없으니
우리의 희로애락 붙잡을 수도 없어
인생은 사랑 보내면 모두 보낸 것이다.

살아가는 동안

살아가는 동안에는 서로의 마음을
이해하고 서로의 잘못을 용서하자
나에게
잃어버린 것 무수히 많다 해도

사랑하는 임에게 베푼다 생각하고
아까워 하지마라
사랑하는 동안에
하늘을 우러러보고 푸른 꿈 생각하자

하늘의 넓은 사랑 바다같이 푸른 사랑
나는야 그대에게 무슨 꽃 될 것인가
그대는 나에게 어떤 의미가 될 것인가

사랑하는 동안에 너와 나 꽃이 되자
오래도록 지지 않는 은은한 향기 되어
당신의 기다림 속에 사랑으로 물들자

감동을 느끼는 날

작은 일, 꽃잎에도 생명의 신비로움
만물을 소중하게 아끼고 감동하면
마음의 여유를 지닌 고고한 사람이다

고독을 즐기려는 사람들의 거룩함
가난한 살림 속에 욕심을 버린다면
의미를 찾아가는 삶 쾌락의 소유자다

보고 듣고 걷고 먹고 마실 수 있음
주님께 감사하고 영광이라 깨달으면
영혼이 구원 받아서 느끼는 감동이다

감동할 수 있는 마음이 사랑이다
날마다 감동으로 가득한 마음이면
당신은 거듭난 정말 멋진 사람입니다

5월의 노래

연둣빛 물감 타서 온 세상 뿌렸더니
햇살을 동무한 아침안개 한들한들
5월의 숲이 춤추며 산허리 내려온다

5월은 싱글벙글
5월을 사랑하라
5월의 푸른 숲은 벨벳 치맛자락
엄마의 얼굴에 마구 부비고 싶어라

5월의 숲 힘찬 몸짓
소곤소곤 속삭이듯
너 없으면 안 된다
너 있어 내가 산다
사랑의 찬가 부르는 숲 미소가 내린다

날마다 태어나는 신록의 몸짓은
아직도 살아있고 사랑할 일이 남아
5월의 첫사랑으로 마주하며 살고 싶다

배꽃

배꽃같이 아름답고 순결한 그대여!
5월에는 꼭 한번 사랑하고 싶어요
조용한 그 술집에서 사랑하고 싶어요

사랑의 꽃 · 2

욕심을 버리고 미움을 비우고
한 번씩 노여움을 버릴 때마다
그래그래
고개 끄덕이며 순한 눈길로
내 마음에 피어나는 맑은 꽃

좋은 생각 하고 좋은 말을 하고
한 번씩 좋은 일 할 때마다
그래그래
환희 웃으며 고마움에 꽃술 달고
내 마음에 피어나는 맑은 꽃

한결같은 정성으로 기쁨 꽃 피워 내리라
기쁘게 살아야지 사랑으로 가꾸어
이웃에
나누어 줄 사랑열매 맺어야지

힘들고 슬프고 지친 사람에게
사랑열매 하나씩 달아 드리고 싶어라
이웃에
나누어 줄 사랑열매 맺어야지

행복한 출발

행복은 행복한 생각에서 출발한다
생각은 눈에도 보이지 않는다
보이는 것은
보이지 않는 것에서 나온다

가시적 현실은
비가시적 생각이 자란 열매다

부정한 생각은 거부해야 한다
불의의 생각을 선택해서
행복해지는 법은 없다

어떤 생각을 심는가에 따라
행복과 불행이 결정된다
인생은
작은 선택들이 모여 큰 선택된다
행복은 선택을 훈련함으로 결정된다

5월의 선물

5월은
어린이 날 어버이 날
스승의 날 부부의 날

사랑하는 사람들과 서로
감사의 향기를 주고받는
축복의 계절입니다

아름다운 계절에 소중한 인연
당신에게 감사의 향기를 담은
안부 전할 수 있어 참 행복합니다

5월은
설렘 가득 담아 드린
우리는 아름다운 꽃향기
오래오래 나눌 수 있는
건강한 5월 되었으면 좋겠습니다.

인간시계

인생의 시계는 단 한번 멈춘다
언제 어느 때 멈출지는 아무도 모른다
멈춰있지 않는 지금
이 시간이 내 시간이라고 한다

아침에 일어나서 늘 변함없이
아침 편지를 보내는 저는 행복하다

메시지, 전화를 통하여
서로의 안부와 정을 나누는 귀한 시간
그 행복을 위해서 인생
시계가 멈추는 그날까지 행복 가득한
오늘 맞이하시고 파이팅

세상을
존중과 신뢰로 함께하는 마음
믿음으로 승리하는 하루가 되어라

여름배웅

고달픈 한 계절
여인이 서성이는 여름을 배웅하면
가을은
풀벌레 쫓겨 오는 아이처럼 숨이 가쁘다

팬데믹으로 힘든 시간 속에
희망의 시간들을 부르느라 그런가 보다

탱자나무 숲 울타리 가시에 긁힌
아픈 상처들을 쓸어내리며
여름의
끝자락에서 발돋음하는 스산한 바람

그늘이 빠져나가 잡풀은 말라 시들고
그 틈새를 비집고 들어온
가을이 먼저 내려와 눕는다.

봄 편지

하얀 민들레 꽃씨 속에
바람으로 숨어서 오렴

이름 모른 풀숲에서 잔기침하는
들꽃으로
눈 덮인 강 밑을 흐르는 물로 오렴

부리고운 연둣빛 산새노래와 함께
해마다 내 가슴에 보이지 않게
살아오는 봄

진달래 꽃망울처럼
아프게 부어오른 그리움
말없이 터뜨리며 나에게 오렴

가슴으로 한 사랑

세상에 가장 쉬운 일은 사랑하는 일
가진 것은 없어도 정情 하나 있으면
사랑은 바다처럼 넓고 넓어

채워도 목마르고
주고 또 주어도 부족하고
받고 또 받아도 모자란다

사랑은 시작만 있고
끝은 없는 줄 알았다
마음에 차곡차곡 가슴에 소복소복
모아놓고 간직만 하고 있으면
좋은 줄로만 알았다

모아서 쌓아놓고 보니 병들었다
달아날까 없어질까
꼭꼭 쌓아 놓았더니
시들고 힘이 없어 죽어 갔다

쌓아둔 만큼 나눠주어야 하고
아픈 만큼 아파야 한다는
이별연습 후에야 알 수 있었다

사랑한 일은 가장 쉬운 줄 알았는데
사랑하는 일이 가장 어려운 일이었다
그리고
가슴으로 한 사랑은 더 어려웠다.

냉이꽃

눈으로 마음으로 부지런히
찾아보는 기쁨

남의 눈에 띄지 않아도
누가 와서 데려가지 않아도
불행하다고 여긴 적이 없다

태풍 속 웃을 수 있는 힘 키우며
열심히 살고 있는 냉이꽃
풀밭을 무심히 지나가다
아 참 이게 냉이꽃이지
다시 가서 바라본 적이 있다

봄이 되면 여기저기 널려 있는
냉이꽃들이 흔해서 잊기 쉬운
일상의 기쁨 나는 정말 행복 하다

봄이 오는 소리

봄이 오는 소리를 들어 본적 있어요
삶이 너무 힘들다고 느껴서
남들 다 들으시는 그 소리를
행여나 당신 혼자 못 듣는 것 아닌지요

혹시나 나에게는 무의미하다며
그냥 지나친 적은 없으신지요

봄…
그것은 언제나 새로운 시작이라는
것을 새로운 봄이 되어
추억으로 다가올 수 있을 것입니다

그대에게 그런 봄이
그리고 또 나에게도 그런 봄이
이제부터는 올 것입니다

오늘도 행복한 사람

세월은
가는 것도 오는 것도 아니며
시간 속에 사는 우리가
가고 오고 변하는 것일 뿐이고

세월이
덧없는 것이 아니고
우리가 예측할 수 없는
삶을 살고 있기 때문에
덧없는 것이다

행복은 마음에서 우러나오고
재산은 인연으로 받은 것이니
내 것도 아니므로 고루 나눠주고

우리는 큰 부자가 되기보다는
가난한 사람이 적어지는
복지국가를 만들어봅시다

어머님 그리울 때
- 5월 8일 어버이날 아침

어머님 당신이 구름 위에 계신다면
긴 세월 그리워서 눈물로 기다리던
하늘에 무지개다리 놓아 올라가겠습니다

어머님 당신이 강 건너 계신다면
꿈에라도 나룻배 되어서 밤낮으로
노 저어 하루빨리 그 강을 건너겠습니다

아침의 햇살 같고 풀잎의 이슬 같이
온화하고 인자하신 우리 어머니
당신은 힘들어도 한 마디 말없었습니다

삶의 무게를 내려놓고 싶을 때면
새 날고 철부지 동화 읽는 아이같이
당신이
그리워 가슴 터지도록 부르겠습니다.

거룩한 단어 엄마

종이에 엄마라고 쓴 낙서만 보아도
엄마 부른 소리만 들려도 가슴 뛴다
누구의 엄마라도 다 내 엄마 같으니까

엄마 없는 세상은 피눈물이 나겠다
마음이 괴로울 때 불러 본 요술천사
꿈에도 잊지 못하는 엄마는 거룩하다

미움도 사랑으로 바꾸어 토닥토닥
기다림 눈이 멀고 그리움 애 녹아도
엄마는 아들딸의 병 고치는 의사이다

스윙

푸른 잔디밭을
나비처럼 날자
세상 소음도
바람에 실려 보내자

하나, 둘
공을 따라 걷는 발걸음마다
인생을 읽는다
쉬운 길은 재미없지
인생도…
골프도…

고요한 행복이
잔디 사이사이 피어난다
하늘 높이 날아가는
새처럼 폼 나게 튀여 오른다.

삶을 웃어라

마음이 바빠서 그러는 것이지
세상이 그렇게 바쁜 것은 아니다
우리는
서로 손잡고 서둘러 뛰어가자

인생은
발맞추며 뛰어가는 것이다
똑같은 속도 늘 같은 시간
골고루
분배하면서 흘러가는 것이다

아무리 힘들어도 삶의 여유 가지고
옆 살피고 주변의 풍경도 만끽하며
벤치에 앉아서 편히 쉬기도 하여라

삶이 좀 느려진다 하여도 어떠하니
조금씩 천천히 걸어가도 괜찮아
인생은 속도보다는 과정이 중요하다.

평설 __

인간의 삶과 자연 관계

박 래 홍
현대문예 주간, 광주문인협회 부회장

　윤영숙 시인의 문집 『소유의 의미』는 순수 서정시의 본질에 충실한 시조시집이다. 서정시는 삶의 의미를 발견하고 정서를 순화시켜 참된 가치를 제시하는 언어예술이다. 그러므로 시인의 삶과 현실을 반영한다. 불화와 모순이 존재하는 현실을 바라보는 시인은 당연히 선을 지향하며 극복의지를 형상화시켜 보다 나은 미래를 지향한다.

　윤영숙 시인의 작품에는 無爲자연의 세계와 고향에 대한 향수로 세속의 삶을 정화하며 살아가고 있다. 시인은 장년에 접어든 삶을 통해 가난했지만 순수했던 유년시절을 회상하고 그리워하며 그때의 순수를 회복하고자 노력한다. 이는 세월에 찌든 자신의 모습을 버리고 새롭게 거듭나고자 하기 때문이다. 이러한 삶의 태도에서 새로운 삶의 방식을 모색하며 순수를 지향하고 성찰의 태도를 보여주고자 고향의 자연사물을 통해 길을 모색한다.

윤영숙 시인의 작품은 시의 또 다른 경향은 인간다운 인간, 친구다운 친구 순수한 이미지들에 대한 천착이 아름답다. 그리고 일상의 언어로 직조되어 매우 독자 친화적이다. 언어를 비틀고 왜곡하여 알 수 없는 기괴한 해적시가 난무하는 시의 위기 시대에 윤영숙 시인의 시는 독자들을 불러오게 하는 힘을 통해 우리 시의 위기를 타개하는데 앞장서고 있다.

윤영숙 시인의 첫 시조시집 표제 『소유의 의미』는 1부〈소유의 의미〉22편, 2부〈기다리는 봄〉21편, 3부〈도화지 위의 오늘〉22편, 4부〈봄꽃 사랑이고 싶어〉21편 5부〈음악처럼 흐르는 행복〉22편 주옥같은 시편들이 모여 새롭게 무등산자락 자연의 아름다운 풍광과 시를 오래 사랑해온 시인의 사유로 써온 정말 서정적이고 낭만적인 시를 내 가슴에 안아 感慨無量하다. 서정시가 사라져가는 이 시대에 정감이 넘치는 새로운 순수 서정시를 개척해 나가고 있기에 더욱 값지고 의미가 있다.

시는 운문으로 주정적 문학이며 정서와 상상의 미학에 있는 문학이다. 음악적 요소가 우세한 미의 운율적 언어로 창조된다는 사실과 생명의 소산이며 사물에 대한 깊은 관찰과 체험으로 인생을 위한 시, 인간의 감정적 미와 정신적 의의에 눈을 뜨도록 하며 암축 요약된 언어 표현으로 시인은 감화와 생기와 영감으로 힘을 북돋아 주고 기쁨을 준다.

소유의 의미

당신이 조준한 목표물이 나였다면
호흡을 멈추고 격발하여 주옵소서
옷고름
풀어 헤치고 웃으며 맞이하리라

여인의 익은 가슴 한복판 심장에다
과녁을 맞추듯이 정 조준한 한 발의
총알로 명중시키어 절명시켜 주세요

당신이 거총하신 총구의 가늠쇠와
내가 바라보는 반짝반짝 빛나는
눈빛을
직선에 놓고 방아쇠 당겨주세요

심장에 끓고 있는 동백꽃 같은 피를
당신의 카바이트 불심지를 뽑아서
내 영혼
보물단지를 불 태운다 하여도

당신 손에 있으면 당신의 소유이고
내 손에 있으면 내 소유란 개념보다
당신의
마음이 어디 있느냐가 중요합니다.

_「소유의 의미」 전문

당신이 조준한 목표물이 나였다면/호흡을 멈추고 격발
하여 주옵소서/옷고름 풀어 헤치고 웃으며 맞이하리라//

당신 손에 있으면 당신의 소유이고/내 손에 있으면 내 소유란 개념보다/당신의 마음이 어디 있느냐가 중요합니다.

　완전한 소유란 이 세상 어디에도 없음이 이미 두루 알려진 사실이다. 자연을 완전히 소유하는 생명체는 세상천지 어디에도 존재하지 않는다. 태어난 모든 생물체는 이 땅에 살아 있는 동안 자연에서 모든 것을 잠시 빌려 쓰다가 떠나가는 나그네라고 했다. 우리가 이 세상 살아가면서 진정으로 소유해야 할 것은 결코 물질이 아니고 〈아름다운 마음〉이라고 말한다. 그대의 마음속에서 얻은 것이 진정 그대의 귀중한 소유물이다. 그런데 많은 것들을 곁에 두고서도 제대로 써보지도 못하고 죽어가는 참으로 이상한 현대인들이 많다.

　〈소유의 의미〉란 시를 통해 윤영숙 시인은 하나님의 거룩하고 절대적인 영원한 사랑을 원하고 있다. 사랑에는 하나님이 죄인인 인간을 긍휼히 여기고 구원하기 위하여 십자가의 보혈로 자기를 희생하는 아가페사랑, 육체적이고 정열적인 애로스 사랑, 동료적이고 우정적인 필리아사랑 소설〈좁은 문〉의 주인공들의 순수하고 정신적인 플라토닉 사랑과 소설〈차탈리부인의 사랑〉처럼 육체적인 사랑을 중의법으로 말하려 한다. 사랑은 깊고 오묘하며 건강에 최고라는 메시지를 독자에게 전해주고 있다. 이기적 욕망에만 눈이 멀어 건강을 잃으면 돈도 명예도 사랑도 다 잃는 것이다. 시적화자는 나의 소유란 이 세상에 하나도 없으며 잠시 내가 사용하고 즐기고 있을 뿐이다 말한다. 법정 스님의 무소유의 개념과 높은 절대적인 하나님의 거룩한 사랑을 생각나게 한다.

  윤영숙 시인은 자연사랑과 인간사랑의 시인이라고 말하고 싶다. 사람들은 누구나 자연을 사랑하고 그리워하지만 윤영숙 시인처럼 어릴 때부터 뛰어놀던 고향의 산천을 사랑하는 시인이 어디 또 있을까? 고향정서와 그리움이 넘치는 위대한 시인으로 성장시킨 모티브는 자연 풍광이 빼어난 광주 무등산, 금당산의 아름다운 풍광 때문이 아닐까 생각한다. 시인의 작품을 읽고 또 읽으면 광주는 민주화의 성지요 예술의 성지로 모든 시인들은 고향 같이 느끼고 광주전남의 아름다운 풍광 속으로 독자를 불러들인다.

그리움 · 1

파란하늘 구름 속 그대 얼굴 보이고
해묵은 그리움이 내 마음을 흔드니
참았던
침묵의 언어 망망하게 허둥댄다

살아온 세월들이 단풍이 들었는지
수많은 무상 속에 보이지 않던 얼굴
그대는 마음에 핀 꽃 그리움이 되었다

계절을 초월한 그리움의 가지 끝에
청아한 새의 노래 사랑의 메시지로
아픔을 토닥거리는 사랑되게 하소서
_ 「그리움 · 1」 전문

파란하늘 구름 속 그대 얼굴 보이고/해묵은 그리움이 내 마음을 흔드니/참았던 침묵의 언어 망망하게 허둥댄다.

윤영숙 시인은 그리움이 많은 시인이다. 세상의 만물은 그리움의 대상이 된다. 아리스토텔레스는 시는 자연의 모방이라고 말했다. 자연과 인간의 관계가 어떻게 이루어져야 하는가? 자연이 무엇이며 인생은 무엇인가 깊은 생각 속에서 어떻게 살아가는 삶이 가치 있는 삶이고 진실한 삶인지 보여주고 있다. 시적화자는 모범적인 생활로 아이들에게 미래의 비전을 제시하고 아름다움과 재미를 창조하는 그의 시가 너무 진솔하여 애독하지만 나는 그보다 더 시인의 인간다운 삶, 아름다운 생활을 더 좋아하고 사랑한다. 문학인은 시 창작보다 먼저 아름다운 인성, 즉 시 창작 정신이 건전하고 아름다워야 하기 때문이다. 그 바탕 위에 시적 고뇌는 오직 자신이 해결해야 하는 문제이다.

"시와 삶 사이의 거리가 너무 멀면 시가 허황하게 들리기 쉽다. 그러므로 시와 삶은 그 거리를 적당히 유지하는 것이 바람직하다." 이 말은 시에 있어서 현실 삶을 도외시해선 안 되지만 그렇다고 해서 현실 삶

그대로 써도 안 된다는 뜻이다. 현실 삶을 시적으로 변용해서 승화시켜야 한다는 시론이라고 생각된다.

기다리는 봄

꽃잎이 졌다 해도 아주 진 줄 아느냐
당신을 잊었다고 아주 잊는 줄 아느냐
내 곁을
떠났던 봄은 또 다시 오더이다

앞산에 뻐꾸기가 피울음 울 때마다
뒷동산 진달래꽃 방실방실 웃으며
내 곁을
떠나간 임과 손잡고 오시리라

먼 하늘 바라보며 기다리는 봄이여
강물은 흘러흘러 돌아올 줄 몰라도
내 곁을
떠났던 당신 또 다시 오시리라
_「기다리는 봄」 전문

앞산에 뻐꾸기가 피울음 울 때마다/뒷동산 진달래꽃 방실방실 웃으며/내 곁을 떠나간 임과 손잡고 오시리라
　윤영숙 시인은 다양한 수사법과 시적자유와 언어유희를 자연스럽게 구사하여 시가 지루하지 않고 고유의 전통 구수한 된장뚝배기 맛을 낸다. 앞산에 뻐꾸기가 피울음 울 때 뒷동산 진달래꽃 방실방실 웃는 마을,

노을이 붉게 물드는 저녁이면 연기 나는 마을을 찾아 어디론가 길 떠나가고 싶은 동화속의 고향 같은 마을이 그녀의 고향이 아닐까 형제자매를 생각하는 핏줄의식과 강보 위의 포근한 품을 그리는 그 간절한 고향사랑의 노래가 어디에 또 있을까. 무한사랑을 감득한 절대자에의 기도 같은 거룩한 사랑과 그리움이 어디까지 가능할까. 이 지상에서 그 무엇과도 비교할 수 없는 인간만의 특권인 '자연사랑, 고향사랑, 고향의 봄을 그리워하고 기다리는 것이 아닐까' 봄이 오면 내 곁을 떠났던 임이 오기만을 두 손 모아 기도하는 맑은 영혼의 언어를 감동의 운율로 그 누가 노래할 수 있겠는가.

현대시 창작에서 가장 중요한 것은 대사물代謝物에서 감응하면서 매료하는 이미지의 창출은 대체로 광범위한 상상력에서 발흥發興한다. 이렇게 발흥發興된 시적 대상이 주제와 연결되면서 언어의 한계에서 오랜 기간 머물면서 곰삭아야 한다.

윤영숙 시인이여! 성인들의 말씀으로 지금까지 살아온 것처럼 앞으로도 지금 같이만 욕심 없이 안빈낙도의 삶, 자연사랑과 고향에 대한 그리움이 넘치는 삶, 겸허하되 성공보다 실패를 두려워하지 않는 지혜로운 천사의 고독을 지니고 속된 중생들을 가엾이 여기되 그들의 가슴에 불꽃을 심으라. 용기 있게 정의를 노래하고 민주평화를 사랑하며 질풍노도와 같은 자연사랑 고향사랑의 기수가 되시라.

벚꽃

봄바람 불 때마다 시야를 뒤덮은
연초록 잎 사이로 벚꽃은 하늘하늘
행인의
옷자락에도 은비꽃비 내린다

꽃비의 아우성에
온 땅이 젖어갈 때
그림 같은 화려한 풍광에 살다가는
인생도 화무십일홍 그 무엇이 다를까

_「벚꽃」 전문

  꽃비의 아우성에 온 땅이 젖어갈 때/그림 같은 화려한 풍광에 살다가는/인생도 화무십일홍 그 무엇이 다를까
  윤영숙 시인은 봄바람에 아름다웠던 꽃잎들이 우수수 땅에 떨어져 구르는 모습을 보고 인생의 무상함을 느낀다. 시적화자는 언어의 절제나 탁마의 솜씨가 누구보다 탁월하고 온건하면서도 언중유골言中有骨의 칼날 같은 예리함도 지니고 있어 함부로 범접할 수 없는 기백도 보여준다. 시인이 생활하고 있는 광산구는 도시 문화와 농촌 문화가 어우러진 곳이다. 그런 환경 속에 살고 있어서 그런지 그의 성품은 매우 순수하고 겸손하며 시적정서 또한 온화하면서도 서정과 사랑과 그리움이 골격을 이루고 있다. 그의 성실과 정직한 시혼이

결코 흔들리지 않는 격정으로 자연사랑으로 사물의 정곡을 꿰뚫는다.
 시는 본질적으로 아름답고 그 속성에서 진실하다 했듯이 '아름다움'과 '진실'은 필수적이며 두 가지의 융합이 아니라도 적어도 '진실'은 창끝처럼 날카로워야 할 것이다.

내 고향은

내 고향은 첩첩산골 교회도 절도 없고
교통이 좋다거나 명승고적 아니며
문화재 하나도 없는 가난한 농촌마을

아버지 할아버지 쟁기질 소리 있고
어머님 땀 냄새 절인 베틀 노래 듣고
전설이 골짝이마다 깃든 내 고향마을

기쁘고 슬플 때 뒷동산에 올라가서
새들과 노래하고 꽃잎과 입 맞추며
백일홍 발등 긁으면 간지러워 하하하
_「내 고향은」 전문

 내 고향은 첩첩산골 교회도 절도 없고/교통이 좋다거나 명승고적 아니며/문화재 하나도 없는 가난한 농촌마을
 우리 모두의 고향은 명산은 아닐지라도 산이 있고

강물이 흐르고 다락논밭이 있다. 먼 조상 때부터 자자손손이 가난으로 살아온 이골 난 땅이기도 하다. 그런 터에 너나없이 떠나 살다가 돌아온 고향을 생각하면 그 아름다움이나 간절함이 더 없이 크지 않을까 생각해 본다.

 동네 처녀총각이 뒷동산에 올라가 사랑을 속삭이고 소쩍새 울면 내려 왔던 시골 순수한 소년 소녀의 아름다운 추억 속의 사랑을 직접 보는 것 같아 필자도 가슴이 설렌다. 고향을 떠나보거나 세월 지나고 보면 고향의 뒷동산 범 바위, 마을 앞 큰 당산나무 동백나무 모든 사물들은 아름답지 않은 것이 없다. 그 恨 많은 가난의 세월을 생각하면 산야를 뒤덮던 진달래꽃은 굶주린 배를 채워주는 간식이었고 자줏빛 자운영 꽃밭은 아이들의 놀이터였다고 말할 수밖에 없겠다. 헤아리자면 끝이 없겠지만 더 이상은 살아갈 방도가 없어 자식들을 매달고 앞산 바위고개 넘어서 밤기차를 타고 야반도주한 우리들의 아픈 고향이 자리 잡고 있다.

봉선화

엄마가 담장 밑에 심어 놓고 하늘간
해질녘 장독대에 떨어진 꽃잎 주워
누님은
손톱에 묶고 시집가는 꿈꾼다

귓전의 매미소리 아무도 날 보는 이
없지만 괜스레 내 얼굴은 화끈거려
꽃잎은
손톱마다에 붉은 길을 내었다

한여름 그림자도 없는 밤 은빛가루
살금살금 밟으며 사랑이 온다더니
빨갛게
물든 가슴에 황혼 빛만 찬란하다

_「봉선화」 전문

   엄마가 담장 밑에 심어 놓고 하늘간/해질녘 장독대에 떨어진 꽃잎 주워/누님은 손톱에 묶고 시집가는 꿈을 꾼다.
   윤영숙 시인의 엄마는 돌아가셨지만 엄마가 생전에 심어 놓았던 봉선화는 아름답게 꽃을 피웠고 그 꽃잎을 따서 손톱위에 묶어 놓으면 엄마의 사랑과 추억이 예쁘게 꽃물이 든다. 윤시인의 시를 독서하면서 우리가 감득한 것은 그에게도 언어적 감동을 노래하는 직접적인 수단으로써의 '한글', 우리나라 문자를 가장 아름답게 갈고 닦아서 쓴 순수서정시가 윤영숙의 시라는 사실이다. 쉽고 쓰기 쉬운 한글은 상징어가 매우 발달하여 자연의 모든 소리를 흉내 낼 수 있다. 그래서 566돌 한글날, 제1회 세계 문자올림픽대회에 이어 제2회 대회에서 금메달을 획득하였고, 한강의 노벨문학상으로 세계만방에 우리 한글의 우수성을 알리게 되었다.

여기에다 앞으로 세상을 깜짝 놀라게 하고 큰 감동으로 움직이게 할 윤영숙 시인의 진솔하고 순수한 서정시와 상상력을 날이 저물도록 노래해도 좋겠다.

심연深淵

단풍잎을
머리에 풀어놓고 해맑게 웃는다
하루의 일상이 온전히 잠들어 있다

오늘은
바람도 여행을 떠나고 없고
시골의 한가운데 그녀가 앉아 있다

눈발 속에 피어났던 한 송이 매화
내 마음이다
그림도 없고 그늘도 없는 나는 너였다
어제의 저녁 하루만

바다보다 깊다, 저 마음
짙다 못한 저 울음
갈매기 한 마리가 주워 먹는다

더 깊어진 저 여인의 한恨
　　　　　　_「심연」 전문

눈발 속에 피어났던 한 송이 매화/내 마음이다/그림도 없고 그늘도 없는 나는 너였다/어제의 저녁 하루만//

더 깊어진 저 여인의 한恨

　윤영숙 시인의 잔잔하고 깊은 思考는 심연深淵의 시에서 찾아볼 수 있다. 눈발 속에 피어났던 한 송이 매화는 내 마음이라고 했다 사군자의 으뜸인 매화처럼 추운 눈발 속에서도 꿋꿋하게 꽃을 피운 매화 같은 지조 있는 여인으로 살고 싶어 한다. 절개를 지킨 춘향이 같은 여인도 천사와 같은 여인도 깊은 한恨을 품고 있는 것이 우리나라 여인의 모습이 아닐까. 밤이 깊도록 마주 앉아 매화차를 마시며 대화하는 심연의 세계를 자연스럽게 끌고 와서 우리 모두를 신선의 세계로 안내하는 기분이다. 눈보라 휘날릴 때 이런 의미 있는 매화차 신선 같은 윤영숙 시인과 마주 앉아 인생이야기 사랑이야기 하며 밤이 새도록 마셔보고 싶은 심연의 밤이다. 시인에게 언어는 시적 상상력을 담아내는 그릇의 의미에 가름되며 이 같은 그릇에 세상을 움직이게 할 만큼의 상상력이 담기는 것은 설명조차 새삼스럽다. 그리 보면 윤영숙 시인의 시집은 장소성이 지닌 역사성과 고향의식을 고취하여 그 장소가 갖는 의미를 되새기고 역사적 비극을 되풀이해서는 안 된다는 결의를 다짐한다. 윤영숙 시의 또 다른 경향은 식물성 이미지들에 대한 천착이 아름답다. 나무나 꽃을 노래한 시편들에서 꽃이 지닌 고유성인 미적 깊이를 인간의 삶에 대입시켜 자신의 삶에 적용시키고자 한다.

휴전선

얼마를 더 울어야 휴전선을 넘을까
155마일 철조망 언제쯤 끊어질까
녹슬어 갈수 없는 길 철마는 울고 있다

한 많은 분단 고개 울고 넘는 바람아
이 땅의 민족염원 불 지핀 등불로
휴전선 철조망을 훨훨훨 태워다오

녹스른 철길에 죽은 전우 눈물 얹어
칠천만 동포의 가슴에 응어리진
휴전선 밤하늘에 사연 한줄 띄워보네

이 땅에 자유와 평화개혁 등불 밝혀
끊어진 허리에다 솔기 깁 듯 봉해서
한반도 평화통일의 금자탑을 세우자

불꽃 사위 줄 당기면 떠오른 붉은 태양
녹슨 철로 반짝반짝 노둣돌 놓아서
한민족 함께 만나서 온 누리 조명하자.

― 「휴전선」 전문

　얼마를 더 울어야 휴전선을 넘을까/155마일 철조망 언제쯤 끊어질까/녹슬어 갈수 없는 길 철마는 울고 있다//한 많은 분단 고개 울고 넘는 바람아/이 땅의 민족염원 불 지핀 등불로/휴전선 철조망을 훨훨훨 태워다오 오늘 날 젊은이들은 〈삼팔선〉과 〈휴전선〉을 구분하지 못하는 학생들이 많다. 세계지도 어디에도 없는 〈휴전선〉이다. 38선은 1945년 2차 세계대전이 끝날 무렵 모스크바 3상 회담에서 생긴 분계선으로 북쪽은 소련이 신탁통치를 했고 남쪽은 미국이 신탁통치를 했다. 휴전선은 1950년 6월 25일 북한의 남침으로 전쟁이 발발하여 많은 인명 피해가 있었고 전쟁 중에 1953년 7월 27일 휴전협정에서 생긴 현재의 군사분계선이다.

유일하게 같은 민족이면서도 남과 북으로 갈라져 있고 서로 총부리를 겨누었던 동족상잔의 아픔을 가지고 있는 민족이다. 고향을 서로 눈앞에 두고 오고 갈수가 없는 안타까운 현실이다. 서독 동독으로 갈라졌던 독일은 통일을 이룩하여 부유한 나라로 발전을 거듭하고 있다. 우리나라도 하루 빨리 통일하여 그리워하는 고향을 찾아가고 싶다.

윤영숙 시인의 시는 일상의 언어로 직조되어 매우 독자 친화적이다. 언어를 비틀고 왜곡하여 알 수 없는 기괴한 해적시가 난무하는 시의 위기시대에 별난 미사여구나 난해함이 없이 간결하고 소박한 서정으로 짜여져 있어 누구에게나 큰 감동을 줄 수 있음으로써 그의 시는 독자들을 불러오게 하는 힘을 통해 우리 시의 위기를 타개하는데 앞장서고 있다. 작품 속에서 살아 숨쉬는 맑은 영혼을 발견할 수가 있어서 너무 행복했다.

한국어가 세계에서 가장 뛰어난 언어로 각광받고 있는 이유는 윤영숙 시인 같이 한글을 품위 있고 바르게 사용하며 아름답게 가꾸는데 앞장서고 있기 때문이 아닐까.

2024년 노벨문학상을 수상한 광주출신 한강은 당선 소감에서 글이라는 것은 언어의 실을 따라 또 다른 마음 속 깊이로 들어가 또 다른 내면과의 만남. 가장 중요하고 긴급한 질문을 실에 매달아 다른 자아에게 보내는 것이다.

1980년 5·18 때 많은 학생들이 죽어가는 것을 목격한 한강은 어렸을 때부터 알고 싶었던 것은 우리가 태어난 이유. 고통과 사랑이 존재하는 이유 이러한 질문은 수천 년 동안 문학이 던져온 질문이며 오늘날에도 계속되고 있다고 말했다.

4월의 미소

4월의 꽃빛깔이 변색치 않는 것은
꽃이 서로 예쁘다 앞서고 뒤서거니
한 때의 추억 청춘이 그리운 까닭이다

4월의 꽃향기가 시들지 않는 것은
구름은 흘러가도 발자국 흔적 없듯
아직도 살날의 미련 남아 있는 까닭이다

4월의 꽃바람이 보이지 않는 것은

구름 같고 바람 같은 고독한 인생
꽃잎들 낙화의 아픔 남아 있는 까닭이다
_「4월의 미소」 전문

4월의 꽃향기가 시들지 않는 것은/구름은 흘러가도 발자국 흔적 없듯/아직도 살날의 미련 남아 있는 까닭이다

윤영숙 시인의 시는 모두 시어의 간결함 속에 이미지화 되는 시상이 너무 좋다. 시적 대상을 잘 형상화하고 있으며 또한 시어의 선택이나 구성력에 있어 적절하다. 〈4월의 미소〉는 시인들이 빠지기 쉬운 관념적 표현에서 벗어나 정서와 상상의 미학, 음률의 미학이 필수 요건이라는 점을 잘 살려 감동을 주는 신선한 작품이다.

우리가 이 세상에 잠시 머무는 것의 의미는 무엇일까? 우리가 무엇으로 이루어져 있는지 묻는 언어, 이 지구에 사는 사람들과 생명체의 일인칭시점으로 상상하는 언어, 우리를 서로 연결해주는 언어가 있다. 이러한 언어를 다루는 문학은 필연적으로 일종의 체온을 지니고 있다. 필연적으로 글을 읽고 쓰는 작업은 생명을 파괴하는 모든 행위에 반대되는 위치에 서 있다.

윤영숙 시인의 이번 시집에서 가장 큰 시적 관심사는 삶을 관조하며, 삶이 무엇인지를 묻고, 깨달음과 성찰의 태도를 보여주는 작품들이다. 인간의 삶은 세월이 더해지면서 자신을 돌아보며 그동안 지나온 생을 살피게

된다. 청년시절의 순수와 아름다움을 잃고 욕망을 좇아가다가 보낸 시간들에 대해 안타까워하고 괴로워한다. 더불어 그동안의 삶에 대한 회한과 함께 새로운 삶을 살아가고자 한다. 때로는 자연을 통해, 때로는 신앙을 통해, 그리고 오래 잊었던 신념을 통해 새로운 길을 모색한다. 이러한 과정과 행위는 서정시가 추구하는 본질과 맞닿아 있으며, 인간다움을 추구하는 본성이다.

 윤영숙 시인이 이 작품에서 독자에게 전하려는 중심 메시지는 동일 항목에서 필자는 이 두 개의 시행을 살피면서 윤영숙 시인의 언어가 참으로 결곡하다는 사실에 이르렀다. 여기에 오기까지 시인은 마음 속 깊은 곳에 샘물처럼 찰랑이던 장흥 고향사랑이 밤을 새워 파도처럼 황혼과 탐진강, 영산강을 철썩였던 것이다. 세월이 흐르면서 사람은 몸도 마음도 사랑도 모두가 변하기 마련인데 윤영숙 시인이 남긴 〈소유의 의미〉만은 시간의 흐름에도 변색 없는 감동과 울림을 주는 명작 중에 名作 문학작품으로 남을 것이다.

새해의 기도

 평범한 가슴속에 별을 안은 따뜻함
 어려움 속에서도 절망하지 않고서
 신뢰와 용기로 사는 사람 되게 하소서

 더도 덜도 말고서 정월의 보름달로

환하고 둥근 마음 나날이 새로워져
희망의 삶 살아가는 사람 되게 하소서

누구에게 친구로 다가서는 이웃들
말보다는 행동이 진실로 앞서가는
사랑의 마음으로 산 사람 되게 하소서

그날이 그날 같은 평범한 일상에서
새롭게 꽃이 피고 고마움이 넘치는
더불어 사는 겸손한 사람 되게 하소서
_ 「새해의 기도」 전문

평범한 가슴속에 별을 안은 따뜻함/어려움 속에서도 절망하지 않고서/신뢰와 용기로 사는 사람 되게 하소서//그날이 그날 같은 평범한 일상에서/새롭게 꽃이 피고 고마움이 넘치는/더불어 사는 겸손한 사람 되게 하소서

하루의 계획은 아침에 세우고 1년의 계획은 설날 아침에 세운다고 한다. 새해 아침 기도는 그래서 아주 중요하다. 세월이 흘러 나이가 지긋해지면서 옛일을 회상하는 것은 보편적인 일이다. 이러한 과정은 생로병사의 자연스러운 섭리이다. 서정시는 이러한 시간의 흐름 속에서 마주치는 정서적 사건들을 형상화시킨다.

우리 인간은 소멸보다는 생존이 항상 우위라는 사실이다. 그러므로 자신은 주체이면서 타자他者에 대해서는

항상 객체로 존재한다고 말한다.

　윤영숙 시인은 이 부분을 우리네 생의 전 과정을 여러 방향에서 음미한 좋은 표현이라고 보았다. 생의 도정道程에는 먼 하늘을 향하여 끝날 줄 모르는 그리움을 보내는 존재가 시인이 아니던가. 그래도 시인은 '우주 가득 피어오른 만물의 향기 고향의 자연'을 못내 그리워하고 사랑한다.

　시의 표현에는 직유와 은유를 사용하게 되는데, 요즘 많은 시인들은 은유의 기법으로 약간 난해한 상황으로 전개하여 간혹 어리둥절하게 하는 경우를 대할 때가 있다. 이러한 시법도 어떤 사물을 의인화해서 화자를 일인칭대명사로 전환하는 예를 많이 볼 수 있다.

　서정문학인 시에 진술된 시어의 일차적 의도는 의미 전달에 있는 것이 아니라, 바로 감정 전달에 있다는 점을 간과해서는 안 된다. 감정선을 건드려 독자에게 접속하기 위한 시도를 우선한다. 이런 이유로 "시의 언어에는 매우 다양한 방법으로 말의 질감을 활용하여 시를 정서적 산물이게 한다."

　윤영숙 시인처럼 현실 삶을 시적으로 변용해서 승화시켜야 한다는 시론이라고 생각된다. 시는 思無邪의 정신과 음률의 미학이 필수 요건이라는 점을 상기할 때 지나친 서술적 표현이나 직설적 표현들에 유의해야 한다.

　그 아름답던 낭만의 현장인 고향은 왜 그리 하루가

다르게 비어만 가는 것일까. 저 푸른 초원 위에 그림 같은 집을 짓고의 현장은 노래 가사에나 살아있는 신기루일 뿐 현실은 많이도 아프다는 사실이다. 시적화자인 시인에게도 지금 이 시간의 생활공간이 영산강과 무등산을 병풍처럼 두른 마을이건만 그것은 한낱 회상 속을 흐르는 그리움의 강물일 뿐 서러운 보릿고개의 추억들이나 추억거리는 가슴 아픈 현장이 되어버린 지 오래다.

필요한 우리사이

바람만 불어도 토라지는 사이인가
나하고 당신하고 사이가 궁금해요
서로의 다른 색깔이 조화를 이루지요

구름만 끼어도 토라지는 사이인가
너와 나의 겸손은 서로의 이해지요
우리는
서로에게 꼭 필요한 사랑이지요.

_「필요한 우리사이」 전문

구름만 끼어도 토라지는 사이인가/너와 나의 겸손은 서로의 이해지요/우리는 서로에게 꼭 필요한 사랑이지요.
세상에는 악연도 있지만 대부분이 필연이요. 필요한 우리사이이다 작품을 통해 어린 시절 장흥의 탐진강 변에서 뛰어 놀던 시적화자의 모습이 훤히 보인다. 정이 넘치고 너무나 인간적인 순수한 시골 소녀이었다는 것을 발견할 수 있었다. 옛날의 향토적 정서를 잘 드러냄으로써 고향을 잃고 나를 잃어버린 현실 속에서 옛 추억을 통해 나를 찾고 친구와 고향의 정을 찾고자하는 작가의 노력이 곳곳에 스며있다.

시의 궁극적인 목표는 인간의 미래 삶에 가치를 부여하고 아름다움을 창조하는 것이다. 그래서 시는 이미지의 선택과 전달방법이 중요하다. 자신의 다양한 체험과 상상력, 사물에 대한 깊은 관찰력, 주제의 일관성과 음악적인 리듬을 잘 살리고 하나의 시어로 여러 의미를 내포하는 비유법, 강조법, 변화법을 자유자재로 활용하되 지나친 서술적 표현이나 직설적 표현들에 유의해야 독자에게 감동을 줄 수 있고 그런 시가 성공한 시라고 말할 수 있다.

윤영숙 시인의 시는 특징적으로 자연과 인간과의 밀접한 관계를 고취시킨다. 자연이 병들면 인간도 병들어 살수가 없다는 현실세계를 잘 말해주고 있다. 시적 화자는 우리가 좋은 환경 속에서 더 인간답게 살기 위해서 자연을 보호하고 지키고 있는 것이라고 보통 사람들이 느끼지 못한 사실을 선각자의 지혜로 말하는 것이다.

작품 속에서 남다른 시의 직조능력과 시인의 기량을 확인할 수 있었다. 작품 속에 담고 있는 큰 주제는 자연에 대한 사랑과 그리움, 자연에 대한 겸허한 자세로

써 자연에서 기쁨과 행복을 찾아 아름다운 시로 승화시키고 있다.

멋진 작품을 창조하기 위해서는 우선 상상력이 필요하다. 그러나 그것만으로는 부족하다. 예술적 지성이 반드시 뒤따라야 한다. 예술적 지성이란 현실과 상상력 사이의 점들을 연결할 수 있는 능력이다. 상상력은 가능성을 파악하고, 지성은 그 가능성을 머릿속에서 가공한다.

윤영숙 시인에게 주어지는 예술적 정서는 유토피아를 향한 상상과 현실, 그리고 인간에 대한 휴머니즘이 뒤섞이는 사실적 감동이 있다. 문학예술이 갖는 정서적 미감은 무한과 유한 사이의 보완적 질서라고 말한다. 따라서 문학작품을 통하여 살펴본 작가들의 작품세계는 그들만이 갖는 한 생애의 역사성과 체험이 얽혀져서 존재한다고 말한다.

세상의 모든 것들은 세월의 흐름에 따라 낡아지고 망가져 없어지는 것이 자연의 섭리이다. 늙어가는 것이 절망이 되어서는 안 된다. 늙어 감을 통해 가치 있는 삶을 발견하고 창조해 나가야한다.

촛불

부처님 미소를 어우르는데
촛불과 바람 정답게 논다

법당 촛불, 하얀 심지
　　까맣게 태우며 진땀 흘리는 것은
　　태워야할 것이 많아서 일까

　　법당 부처님
　　온화한 미소로 앉아 계심은
　　위로할 사람이 많으신가보다
　　대웅전 돌확에 핀 연꽃향기
　　　　　　_「촛불」전문

　법당 촛불, 하얀 심지/까맣게 태우며 진땀 흘리는 것은/태워야할 것이 많아서 일까//법당 부처님/온화한 미소로 앉아 계심은/위로할 사람이 많으신가보다

　촛불은 스스로의 몸을 불태워서 어둠을 몰아내는 희생정신을 의미한다. 한평생 솔선수범하여 봉사하며 어둠을 밝히는 촛불처럼 살고계시는 시인의 삶을 존중한다. 현명한 사람은 자연의 소리를 들을 줄도 알아야 하고 내가 인간으로서 어떻게 살아가는 것이 인간다운 삶인가를 깨달아야 한다. 고사성어에 역지사지易地思之란 말이 있다. 하나님께서 창조하신 동식물도 나의 몸처럼 사랑하고 내가 너의 처지라면 어떻게 행동 하겠는가? 자기가 저지른 잘 못된 행동을 반성할 줄 모르고 거짓말로 변명하고 합리화시키는 언행은 아주 비굴한 사람의 짓이다.

　미래의 노후대책 세우느라 오늘을 행복하게 살 줄 모르는 희귀병에 걸려 살고 있는 사람이 많다. 늘 행복을

자기 곁에 두고도 다른 곳을 헤매며 찾아다니다 지쳐 버린 현대인들이다. 나누면 반드시 행복이 온다는 지극히 평범한 진리를 알고도 실천 못하는 장애인 같은 현대인들, 사랑할 수 있는 시간이 얼마 남지 않았다는 사실을 알고도 사랑하지 못하는 어리석고 바보 같은 현대인들 결국은 서로가 파멸의 길로 간다는 사실을 알고도 자연, 지구 파괴로의 길을 버젓이 걷는 우매한 현대인이라고 말한다.

감동을 느끼는 날

작은 일 꽃잎에도 생명의 신비로움
만물을 소중하게 아끼고 감동하면
마음의 여유를 지닌 고고한 사람이다

고독을 즐기려는 사람들의 거룩함
가난한 살림 속에 욕심을 버린다면
의미를 찾아가는 삶 쾌락의 소유자다

보고 듣고 걷고 먹고 마실 수 있음을
주님께 감사하고 영광이라 깨달으면
영혼이 구원 받아서 느끼는 감동이다

감동할 수 있는 마음이 사랑이다
날마다 감동으로 가득한 마음이면
당신은 거듭난 정말 멋진 사람입니다
_「감동을 느끼는 날」 전문

작은 일, 꽃잎에도 생명의 신비로움/만물을 소중하게 아끼고 감동하면/마음의 여유를 지닌 고고한 사람이다∥감동할 수 있는 마음이 사랑이다/날마다 감동으로 가득한 마음이면/당신은 거듭난 정말 멋진 사람입니다.

윤영숙 시인의 작품은 많은 감동을 준다. 시인의 영혼의 무지개를 본 듯한 시어들! 시편 전체를 감동의 운율로 노래할 수 있겠는가 하는 생각 속에서 독서하였고 윤시인의 언어가 고향사랑 그리움의 형식을 빌려 시적화자와 고향의 자연이 하나가 되는 물아일체物我一體의 노래들이란 결론을 얻었다. 이들을 가감 없이 독서하면서 그 느낌의 일부를 담아내는 것이 필자에게 맡겨진 마땅한 소임일 터이다. 유유상종類類相從이란 말이 있듯이 내가 좋으면 그 사람이 사귀는 사람도 인간적이며 좋을 것이다. 그러기에 이 자리에서 "인간이 곧 문학"이라는 부퐁이나 "그 나무에 그 열매"라는 레온 에델의 명제는 변개할 수 없는 문학탐구의 고전적 아포리즘이고 윤영숙 시인에 대한 우리의 독서 또한 여기에서 출발한다.

세월이 흐르면서 사람은 몸도 마음도 사랑도 모두가 변하기 마련인데 인간이 남긴 '명작'만은 시간의 흐름에도 변색 없는 감동과 울림을 유지하는 것이 문학이다.

시가 언어의 꽃이라면 자연적으로 피는가 아니면 인위적으로 피는가 자연적이라면 언어의 틀을 벗어나 아무

곳에서나 난무할 것이고 인위적으로 피어난다면 한정된 곳에서만 피는 꽃이라 할 것이다. 그러나 언어가 사람간의 약속으로 발생한 무형의 몸짓이라고 한다면 언어는 어떻게 설명해도 자연적이 아닌 인위적인 행위라 할 것이다. 따라서 시는 인위적인 꽃으로 한정된 곳에서만 피어나고 한정된 사람이 피워낸다. 그러므로 시는 각자의 몫에 따라 유무형의 틀에서 모양과 향기가 전부 다르다 이것을 대하는 독자는 시인의 성향과 조각 솜씨에 각자의 감정을 시인의 감정에 맞춰 공감하든가 외면하는 부류로 나눠 작품의 높낮이를 판단한다. 불꽃처럼 요동치는 언어의 꽃을 피우려는 생을 보낸 것이다. 그 길의 험난함은 겉으로는 아무도 모른다.

'인생에 너무 많은 의미를 부여하지 말자'라는 말이 있다. 의미의 노예가 되고 행복하지 못한 신세가 되기 때문이다. 전도顚倒는 모든 사물을 바르게 보지 못하고 거꾸로 보는 것이라 했고 몽상夢想은 헛된 꿈을 꾸고 있으면서도 그것이 꿈인 줄을 모르고 현실로 착각하고 있는 것이라고 사전에서 설명하고 있기 때문이다.

거룩한 단어 엄마

종이에 엄마라고 쓴 낙서만 보아도
엄마 부른 소리만 들려도 가슴 뛴다
누구의 엄마라도 다 내 엄마 같으니까

>   엄마 없는 세상은 피눈물이 나겠다
>   마음이 괴로울 때 불러 본 요술천사
>   꿈에도 잊지 못하는 엄마는 거룩하다
>
>   미움도 사랑으로 바꾸어 토닥토닥
>   기다림 눈이 멀고 그리움 애 녹아도
>   엄마는 아들딸의 병 고치는 의사이다
>   　　　　　ㅡ「거룩한 단어 엄마」전문

 종이에 엄마라고 쓴 낙서만 보아도/엄마 부른 소리만 들려도 가슴 뛴다/누구의 엄마라도 다 내 엄마 같으니까
 윤영숙 시인의 어머니는 우리 모두의 어머니이시다. 자식들의 모든 부족함은 어머니의 잘못으로 돌린다. 〈거룩한 단어 엄마〉 작품에서 읽은 무게감은 새삼 얼얼한 뒤 느낌으로 다가온다. 당신은 뒷전에서 굶는 일도 많았건만 달라는 대로 먹여주고 채워주시던 든든한 배경을 소유하며 성장한 우리들이니 어찌 행복하지 않았겠는가. 환경이 비슷하고 처지가 비슷한 시대를 살았던 우리들의 감회는 한량없다.
 프란치스코 교황의 예수강론은 윤영숙 시인의 〈거룩한 단어 엄마〉속의 엄마를 설파하는 데 더없이 요긴할 것으로 여겨진다. "예수는 사랑을 베풀기 위해 먼저 취약해졌고 다가가기 위해 먼저 낮아졌고 제공하기 위해 먼저 희생했다"고 한 말이 그것이다. 이 말은 한국에서

자식들을 키워내신 어머니들을 감동적으로 그려낸 말에 다름 아니고 어머니를 드러내는 데 더없이 절절한 표현이다. 세상사람 모두에게 사랑을 베푼 예수처럼 어머니는 항시 낮은 데만 위치하셨다. 그리고 헌신과 희생만을 되풀이 살아온 사랑의 아이콘이다. 그런 의미에서 '우리 시대의 어머니'를 소유하지 못한 이들에 대한 우리네의 상대적 행복감은 그 무엇으로도 대신할 수 없을 것이다. 어머니의 품안은 우주를 닮았지만 그 간절함과 포근함은 실핏줄 끝까지 스미는 사랑의 속삭임이 아니겠는가.

윤영숙 시인에겐 거의 숙명적으로 선택한 희생과 양보와 겸손의 아이콘인 어머니가 존재한다. 어머니는 항시 낮은 곳에만 위치하셨으므로 가장 키가 작은 분이었다. 조국과 어머니, 그리고 주변에 어울린 사람들이 존재하는 한 시인의 노래는 줄지 않는 샘물처럼 상시로 흐르고 발길 닿는 곳마다 꽃이 피고 새가 우는 아름다운 사람들의 세상을 펼치는 것이다.

표제작이 그 작품집을 내세우는 대표작은 아니지만 〈소유의 의미〉 108수는 그리움처럼 여타 작품들을 거느릴만한 대표작의 여지가 충분하다. 우선 이 작품은 가정법에서 그 진술을 이어간다. 그리고 그 〈소유의 의미〉는 항용 여러 그리움과 사랑을 동반한다. 부정적 생각에서 긍정적 생각으로 슬픔에서 기쁨으로 불행에서 행복으로 생각을 전환시킨 촉진제 역할을 한다.

  문학이 상상적 창의력의 산물이고 단어 하나라도 결코 소홀히 스쳐서는 안 된다고 생각하면 이 작품이 지니는 진실을 발견하게 될 것이다. 문학은 관념을 어떤 이미지를 통해서 구체화할 때 매력이 상승 된다. 삭막한 도시 문명에 매몰되고 숨이 막혀가는 현대사회에서 이렇게 아름다운 자연의 가치를 전한 작품은 매우 소중한 것이다. 그의 작품에서 패러독스의 기법을 감지하면 그 특성이 지닌 무서운 비판 정신과 저항정신을 발견하게 된다.

  윤영숙 시인은 잠을 깨우는 시, 생각하는 시, 영어바람에 미친 코맹맹이 문화사대주의 골빈 문화, 탐욕과 물질만능에 편승한 놀부시대의 저질문화에 도전하는 정화의 시, 소금의 시, 썩은 환부 도려내는 한글과 모국어의 지킴이 시인이다. 시인은 단어 하나 쉼표 하나에도 생명을 걸고 우주를 담는 그 책임성. 전력투구하는 성실성이 불바다를 이루고 있다. 한국문단의 최고 그날을 기약하는 노력의 흔적 역력하니 칭찬이 결코 어렵지 않다.

  윤영숙 시인은 대한민국 대표적 순수서정시인이며 자연사랑, 고향사랑의 많은 시집들 가운데 〈소유의 의미〉 시집이 백미라고 말할 수 있다.

현대문예 작가선 · 180
소유의 의미 ┃윤영숙 시집

지은이 / 윤 영 숙
발행인 / 황 하 택

찍은날 / 2025년 8월 25일
펴낸날 / 2025년 8월 28일
발행처 / 도서출판 현대문예

주　　소 / 광주광역시 동구 천변우로 361-6
전　　화 / (062)226-3355 팩스 (062)222-7221
cafe.daum.net/ht3355
E-mail / ht3355@hanmail.net

등록번호 / 제05-01-0260호
등록일자 / 2001년 12월 31일

정가 15,000원
ISBN 979-11-94185-07-9(03800)

* 잘못된 책은 구입처에서 바꿔드립니다.